Le bichon maltais

Brigitte Bulard-Cordeau

ARTÉMIS
ÉDITIONS

Sommaire

Introduction 6-7

Généralités 8-33

L'histoire du bichon maltais 10-15
Le standard du bichon maltais 16-23
Le caractère du bichon maltais 24-33

Bien vivre avec son bichon maltais 34-109

L'achat du bichon maltais 36-45
L'accueillir à la maison 46-51
L'éducation du bichon maltais 52-61
L'alimentation du bichon maltais 62-69
L'entretien du bichon maltais 70-79
La santé du bichon maltais 80-97
S'occuper de son bichon maltais 98-109

Pour aller plus loin 110-139

Le bichon maltais et les expositions 112-121
La reproduction du bichon maltais 122-129
L'élevage du bichon maltais 130-139

Glossaire 140
Adresses utiles 141
Index 142-143

INTRODUCTION

Raffiné, avec sa fourrure d'un blanc pur qui descend jusqu'aux pieds, ce petit chien en robe longue se caractérise par son élégance. Avec son port de tête fier et distingué, il a toujours été apprécié par les grands de ce monde. En janvier 2009, les projecteurs ont été braqués sur les caprices et les frasques d'un célèbre bichon maltais, nommé Sumo, dont le maître n'est autre que notre ancien président de la République, Jacques Chirac. C'est dire combien la race brille par sa notoriété. La bande des quatre, c'est-à-dire les quatre bichons qui s'imposent, tous charmants et craquants, donne l'embarras du choix. En pince-t-on pour le havanais, le bolonais, le frisé, le maltais ? Ce dernier, héros de ces pages, après avoir été porté aux nues par le géographe grec Strabon, puis des siècles plus tard, chouchouté à la cour d'Angleterre, gagne notre préférence. Bon vivant, provocateur, il a un tempérament vif qui ensoleille nos maisons, et de la tendresse qui donne aux enfants un bonheur constant. De belle allure, si drôle avec son trot particulier, qui fait songer à une boule qui roule dans la mousse, il nous fait tourner la tête. Et pourtant ce petit chien à bichonner n'a pas le succès qu'il mérite. À se demander si son charme n'est pas jalousement gardé secret. Quelques indiscrétions, de la documentation… Et voici le bichon maltais dans tous ses états.

Généralités

L'histoire du bichon maltais

Il représente l'une des plus anciennes races de chien connues dans le monde. Ses traces auraient été retrouvées au XIVe siècle avant J.-C. En Égypte, en Grèce et dans la Rome antique, ce petit chien maltais montre patte blanche. Plus tard, il inspire les peintres de la Renaissance.

Des origines très anciennes

Le bichon maltais n'est certes pas le plus représenté des bichons, qui sont au nombre de quatre, mais on ne saurait nier son ancienneté. C'est en Égypte, dans une tombe datant de la XIXe dynastie, que fut mise au jour une statuette représentant un chien, dont l'allure est en tout point celle du bichon. Petit, crâne plat, truffe arrondie, yeux ronds, oreilles tombantes, membres antérieurs bien d'aplomb… À l'unanimité, les spécialistes reconnaîtront le bichon, dont la sculpture montre, de surcroît, le poil abondant. Mais le bichon n'est pas confiné au pays des Pharaons.

> Sous la plume d'Aristote

On le rencontre également en Grèce. Au IVe siècle avant J.-C., c'est sous la plume d'Aristote qu'il est évoqué. En effet, il s'inscrit dans la nomenclature des chiens, élaborée par Aristote (384-322 avant J.-C.). On imagine l'importance de ce joli Canidé auprès des Anciens. Le disciple de Platon place le bichon dans la catégorie des *Canes melitenses*, qui correspondrait aujourd'hui à nos chiens d'agrément, c'est-à-dire les petits chiens de compagnie. C'est ainsi que le philosophe Aristote, qui s'est consacré à l'observation de la nature, des hommes, de leurs cités, accorde de l'importance au mignon chien blanc.

> À Rome

Nul n'est indifférent à cet agréable compagnon originaire des régions méditerranéennes. Il a également le vent en poupe dans la Rome antique. C'est en effet le chien favori des matrones. Le géographe grec Strabon (58 avant J.-C.-21 après J.-C.) fait les éloges de ce chien.

L'histoire n'oubliera pas le petit chien blanc, et l'art, à l'époque de la Renaissance, va s'en inspirer. Puis, on note sa présence dans les œuvres de Rubens et de Goya. Notons qu'il est toujours en galante compagnie, auprès des belles dames de l'époque, qui apprécient la fourrure douce et abondante du bichon maltais. Sa place est dans les salons, sur les coussins moelleux ou sur les genoux des courtisanes.

> Chasseur de rongeurs

Ce n'est pas le cas de tous ses ancêtres. Malgré l'intérêt qu'il suscite auprès des gens lettrés et des érudits, le bichon maltais n'occupe pas un rôle d'influence dans la société. Il vit dans les ports ou les villes maritimes de la Méditerranée centrale. Ce n'est pas un doux compagnon chéri par les nobles dames, mais un excellent chasseur de rats et de souris.

Les cales des bateaux et les commerces situés aux alentours pullulent de rongeurs. Il faut à tout prix un chasseur efficace. On craint

l'invasion de ces « nuisibles », et c'est en partie le bichon maltais qui va accomplir la tâche. Il assure.

On croit aisément que ce bout de chien blanc est, comme son nom l'indique, originaire de l'île de Malte. Il est plus exact de dire que ce chien vivait spécifiquement dans les régions portuaires de la Méditerranée. On se réfère alors à l'adjectif maltais, qui provient du mot sémite *malat*. La signification n'est autre que: refuge ou port. Cette racine se retrouve dans toute une série de noms attribués aux lieux maritimes. Elle est présente dans le nom de l'île adriatique de Méléda, celui de la ville sicilienne de Melita, et aussi, bien sûr, dans celui de l'île de Malte. Cette dernière est située dans un archipel conquis par les Phéniciens, au IVe siècle avant J.-C.

> Voyageur au long cours

C'est dans cette île livrée aux Vandales et aux Ostrogoths, puis conquise par les Arabes en 870, assaillie par les Normands en 1090, puis par les Siciliens, que le bichon maltais s'est répandu. De là, embarqué sur les bateaux, où il est recruté comme précieux ennemi des rongeurs, il va atteindre la Chine et les Philippines.

Mais ce voyageur au long cours va changer de cap et aussi changer de monde. Sur le continent, il est fort apprécié par les dames de haut rang. Le bichon maltais, dont le portrait est brossé par d'illustres peintres, a été l'un des favoris de la cour royale d'Angleterre à l'époque élisabéthaine.

Son histoire ne saurait être confondue avec celle de ses trois cousins, le bichon frisé, le bichon bolonais et le bichon havanais, dont l'origine, néanmoins, est identique. On trouvera plus de détails sur l'historique de ces charmants petits chiens. On verra que chacun a son aire géographique. Chaque bichon a ses admirateurs, de très haut rang bien souvent.

Les cousins du bichon maltais

Dans la famille des bichons, on compte quatre spécimens. Outre le bichon maltais, on rencontre le bichon frisé, le plus répandu en France, le bichon bolonais, qui descend directement du maltais, le bichon havanais, issu d'un croisement entre le bolonais et le barbet.

> Le bichon frisé

Apparue vers le XVe siècle, cette race est issue d'un croisement entre un bichon maltais et un petit caniche. Le bichon frisé a inspiré Fragonard qui le représente dans son œuvre intitulée *Le Billet doux*.

Ce petit chien très gracieux, au poil tire-bouchonné, semblable au pelage de la chèvre de Mongolie, qui arbore une fourrure ni plate

ni ondulée, est né à l'époque de la Renaissance italienne (1400-1560). Les écrits témoignent qu'il est issu d'un croisement entre le bichon maltais et d'autres petits chiens. Parmi ces derniers, deux sont de la même famille, c'est-à-dire des chiens d'eau : le caniche et le barbet. Le premier est directement issu du barbet, lequel, il faut le rappeler, était très prisé des chasseurs de bécassines et autres oiseaux des marécages et rivières. On comprend mieux l'origine du nom bichon qui vient du diminutif « barbichon ».

Au XVe siècle, le bichon frisé était bien connu dans le bassin méditerranéen. On le considérait alors comme une race espagnole car, amené aux îles Canaries par des marins, il fut d'emblée appelé le ténériffe, du nom de la capitale de l'archipel. Un siècle plus tard, sous le règne de François Ier, il est introduit en France. Son succès est immédiat notamment auprès des courtisanes qui raffolent de ce joli chien propre et frisotté.

• Le favori d'Henri III

Le bichon frisé, entouré de délicatesse et bichonné à la cour, va jouir d'une grande vogue. Mais c'est surtout Henri III (1574-1589), qui lui manifeste une affection particulière. Le souverain est un grand admirateur de la race et, sous son règne, le bichon frisé trouve son apogée.

Toujours au XVIe siècle, le bichon frisé est introduit en Belgique, lors de l'occupation des Flandres par les Espagnols. Les siècles suivants, il est adulé par les Grands de ce monde. On le trouve partout dans les salons en compagnie des dames et des seigneurs du royaume. Au XVIIe siècle, ce petit chien blanc brille dans les salons littéraires. Les artistes brossent son portrait. Mme de Pompadour possède plusieurs bichons frisés. Le bichon frisé prend place tout naturellement dans un tableau du peintre Fragonard (1732-1806). Puis Goya le représente dans ses œuvres.

Le succès du bichon frisé est vif en Espagne, où il fait le beau à la cour royale. En France, il faudra attendre la seconde moitié du XIXe siècle, sous Napoléon III, pour que ce petit chien au poil blanc pur s'attire à nouveau les faveurs de l'aristocratie et redevienne à la mode. Puis au XXe siècle, il se démocratise, au point de devenir un des petits chiens de compagnie les plus populaires après le caniche. Il s'attire un vif succès, non seulement grâce à sa physionomie charmante, mais aussi parce qu'il a le caractère enjoué.

• Très populaire

C'est un joli chien bien heureux de vivre. Il a conquis bon nombre de cœurs, une fois sorti de l'ombre, à la fin des années 1970. Puis il a surpris son monde lorsque l'on a découvert une facette inconnue de ce petit chien d'agrément. N'est-il pas apte à rassembler les moutons ? Un talent qu'ont décelé les bergers de Norvège. C'est par conséquent un rôle nouveau qui lui incombe : ce chien au poil frisé comme un mouton est fier de jouer les gardiens de troupeaux au sein des blancs moutons. Chez nous, on le préfère en chien de compagnie.

> Le bichon bolonais

Le bichon bolonais est connu depuis fort longtemps, puisque l'on retrouve ses traces à l'époque romaine. Ses origines se confondent avec celles du bichon maltais. Comme ce dernier, ses ancêtres figurent parmi les *Canes melitenses* que cite Aristote. Très prisé, ce joli compagnon est choisi comme le cadeau le plus prestigieux que peuvent se faire les puissants de ce monde.

• Une robe blanche floconneuse

C'est en Italie, qu'il s'impose et obtient un succès fulgurant. On prétend qu'il est né dans la ville de Bologne, ville située dans le nord de l'Italie, d'où son nom de bichon bolonais. Néanmoins, on peut également considérer que ses ancêtres sont originaires du sud de la péninsule. On a retrouvé en effet des descriptions de cette race datant du XIIIe siècle.

Pendant la Renaissance, le bolonais devint le favori des Médicis et obtint la faveur des grandes familles Gonzague et d'Este. Il portait alors une robe blanc et noir, couleur qui n'est pas autorisée de nos jours. Les artistes lui accordèrent une vive attention et s'en inspirèrent dans bon nombre de tableaux. Mais après la gloire et l'engouement qu'il suscite, le bichon frisé tombe dans les oubliettes. À la fin du XVIIIe siècle, le caniche lui vola la vedette. Malgré sa réapparition en 1920, le bichon bolonais est devenu rare. Il est le moins répandu des quatre bichons, hormis dans son pays d'origine.

Il ressemble beaucoup au bichon maltais. Il porte une robe blanche floconneuse qui lui permet de supporter des températures très élevées. Il est sociable, très proche de son maître et manifeste un tempérament qui rappelle sur bien des points le bichon maltais.

> Le bichon havanais

On suppose qu'il est à l'origine d'un autre cousin, le bichon havanais. Ce dernier provient de la région méditerranéenne occidentale, et s'est développé le long du littoral espagnol et italien. Mais pourquoi ce nom de havanais ?

Ce bichon aurait été introduit quelques décennies auparavant chez les Havanais, à Cuba, par l'intermédiaire des conquistadores ou des navigateurs italiens. Les débats sur l'origine du bichon havanais sont loin d'être clos. On suppute que sa couleur tabac brun-rouge, c'est-à-dire havane, aurait fait naître cette légende. C'est ce qui explique le halo très flou qui entoure la naissance du bichon havanais. Il n'est pas aisé d'avoir une opinion ferme sur le sujet puisque, par ailleurs, il est impossible de retrouver à Cuba les anciennes souches des bichons havanais, totalement disparues d'une révolution à l'autre. Si l'on en croit certains documents, quelques descendants de ces chiens auraient survécu aux États-Unis, après avoir quitté l'île, ramenés par des contrebandiers. Lors de son arrivée outre-Atlantique, le bichon havanais ne boude pas son succès. Il devient populaire. On aime ce petit chien vigoureux, à l'allure vive et énergique.

• Chien de soie de La Havane

Son long poil flottant lui vaut le joli sobriquet de « chien de soie de La Havane ». Mais ce chien fétiche des riches familles de La Havane au XVIIIe siècle tombe dans l'oubli. Il faut attendre les années 1960, pour qu'il réapparaisse, accompagnant les Cubains fuyant le régime de Fidel Castro, en direction des États-Unis. Lui aussi, il connaît une grande popularité en Amérique du Nord.

Le bichon havanais arbore une robe très longue atteignant 12 à 18 cm de longueur. Le poil est doux et plat ou bien ondulé et peut former des mèches bouclées. Le sous-poil est laineux, peu développé ou absent. On trouve deux variétés de robe chez le bichon havanais : l'une est d'un blanc pur, l'autre est fauve. Cette dernière montre différentes nuances de fauve clair à havane, dans lesquelles s'immiscent des taches. En effet, de légères charbonnures sont admises.

Le standard du bichon maltais

Le standard définit le chien idéal qui représente une race au plan de la morphologie et du caractère. Il est édité par le club de race dans son pays d'origine. Ce document officiel est adopté par la Fédération cynologique internationale (FCI). Il devient alors le texte de référence dans toutes les expositions du monde entier.

Un document de référence

Ce texte décrit en détail toutes les caractéristiques physiques et fondamentales ayant trait au bichon maltais. C'est le document de référence utilisé par les juges en expositions canines. Régulièrement le standard est révisé par le club de race du pays d'origine de ce chien. Si le bichon maltais est originaire du bassin de la Méditerranée centrale, c'est l'Italie qui en assure le patronage et qui se charge d'apporter des modifications éventuelles à ce texte. Après avoir été validé par la FCI, le standard est diffusé par les différentes sociétés canines, dont la Société centrale canine (SCC), en France.

Que trouve-t-on dans le standard ? En premier lieu, apparaissent l'aspect global et le caractère du bichon maltais. Ensuite, on découvre la description rigoureuse de sa morphologie déclinée par points particuliers : la tête, le corps, les membres etc. Les défauts pouvant affecter la race sont également énoncés dans le standard truffé de termes techniques.

Un descriptif technique

Le standard FCI n° 65/06.04.1998/F, traduit par le Dr J.-M. Paschoud et le Pr Triquet, présente le bichon maltais en ces termes :

Origine : Bassin de la Méditerranée centrale.

Patronage : Italie.

Utilisation : Chien d'agrément et de compagnie.

Classification FCI : groupe 9 des chiens d'agrément et de compagnie, section 1 des bichons et apparentés sans épreuve de travail.

> Aspect général

Le bichon maltais est de petit format, avec un tronc allongé. Il est couvert d'un poil très long et blanc. Très élégant, ce chien a un port de tête fier et distingué.

> Proportions importantes

La longueur du tronc dépasse d'environ 38 % la hauteur au garrot. La longueur de la tête est égale aux 6/11 de la hauteur au garrot.

> Tête et crâne

Le bichon maltais possède une tête plutôt large, correspondant à la moitié de sa longueur. Celle-ci est égale aux 6/11 de la hauteur au garrot. Le crâne est légèrement plus long que le museau ; la largeur bizygomatique est égale à sa longueur et, par conséquent, supérieure à la moitié de la longueur de la tête. Dans le sens sagittal, elle est de forme très

légèrement ovoïde. La partie supérieure du crâne est plate, avec une apophyse occipitale très marquée ; les saillies des os du front et les arcades sourcilières sont bien développées ; le sillon frontal, étant peu marqué, est invisible ; les parois latérales sont un peu convexes.

Le stop est très marqué, puisque la dépression naso-frontale fait un angle de 90°.

• Truffe

La truffe est volumineuse, avec des narines ouvertes, de forme arrondie et rigoureusement pigmentée de noir.

• Museau

Le museau est deux fois moins long que la tête (égale aux 4/11 de la longueur de la tête). Les régions sous-orbitaires sont bien ciselées. Sa hauteur est d'un peu plus de 20 % inférieure à la longueur. Les faces latérales sont parallèles, mais le museau, vu de face, ne doit pas paraître carré, vu que la face antérieure se raccorde par des courbes aux faces latérales. Le chanfrein est rectiligne avec des sillons bien marqués dans sa partie centrale.

• Lèvres

Vues de face, les lèvres supérieures, à leur jonction, ont la forme d'un arc très ouvert. Elles sont peu développées en hauteur et le repli labial (œillet) de la commissure n'est pas visible. Les lèvres supérieures s'adaptent parfaitement aux inférieures, de telle sorte que le profil inférieur du museau est défini par la mandibule. Les bords des lèvres sont rigoureusement pigmentés de noir.

• Mâchoires et dents

Les mâchoires sont normalement développées et d'apparence légère, elles s'adaptent parfaite-

ment. La mandibule, dont les branches sont rectilignes, n'est ni proéminente ni fuyante dans sa partie antérieure.

Les arcades dentaires s'adaptent parfaitement et les incisives s'articulent en ciseaux. Les dents sont blanches ; la denture est bien développée et complète.

• Yeux

Ouverts, d'une expression vive et attentive, de grandeur supérieure à la normale, ils ont une ouverture palpébrale proche du cercle. Les paupières sont bien en contact avec le globe oculaire qui n'est jamais enfoncé, mais plutôt à fleur de tête, quelque peu saillant. Les yeux sont situés sur un même plan frontal. Vus de face, ils ne doivent pas laisser entrevoir la sclère ; ils sont de couleur ocre foncé ; les bords des paupières sont noirs.

• Oreilles

De forme presque triangulaire, leur largeur représente environ 1/3 de leur longueur. Elles sont attachées haut au-dessus de l'arcade zygomatique, peu érectiles, tombantes, et en contact avec les parois latérales du crâne.

• Cou

Bien qu'il soit recouvert d'un poil abondant, la démarcation avec la nuque est bien visible. Le profil supérieur est arqué. Sa longueur est d'environ la moitié de la hauteur au garrot. Il est porté dressé et ne présente pas de peau lâche.

> Corps

La longueur du corps, mesurée de la pointe de l'épaule à la pointe de la fesse, dépasse de 38% la hauteur au garrot. La ligne du dessus

est rectiligne jusqu'à l'attache de la queue. Le garrot est légèrement sorti de la ligne du dos. La longueur du dos est d'environ 65 % de la hauteur au garrot. La croupe, dans le prolongement de la ligne dorso-lombaire, est très large et longue ; son obliquité est de 10° sous l'horizontale.

• Poitrine

La région sternale est très longue. Le thorax est ample, descendu plus bas que le niveau des coudes, avec des côtes pas très fortement cerclées. Le périmètre thoracique dépasse de 2/3 la hauteur au garrot.

> Queue

Attachée dans la prolongation de la croupe, elle est grosse à sa racine et fine à sa pointe. Sa longueur correspond à environ 60 % de la hauteur au garrot. Elle forme une seule grande courbe, dont la pointe retombe entre les hanches en touchant la croupe. On tolère une queue recourbée sur un côté du tronc.

> Membres

• Membres antérieurs

Les membres antérieurs sont bien d'aplomb.

La **longueur de l'épaule** représente 1/3 de la hauteur au garrot et son obliquité sous l'horizontale est de 60 à 65°. Par rapport au plan médian du tronc, elle approche de la verticale.

Le **bras** est plus long que l'épaule, il mesure de 40 à 45 % de la hauteur au garrot. L'obliquité sous l'horizontale est de 70°. Il est bien appliqué contre le tronc dans ses deux tiers supérieurs, et sa direction longitudinale est presque parallèle au plan médian du tronc.

Les **coudes** sont parallèles au plan médian du tronc.

L'**avant-bras** est sec avec peu de muscles visibles, mais avec une ossature plutôt robuste par rapport au format de la race. Il est moins

long que le bras et mesure 33 % de la hauteur au garrot. La hauteur, mesurée du sol à la pointe du coude, est égale à environ 55 % de la hauteur au garrot.

Le **carpe**, dans l'axe vertical de l'avant-bras, bien mobile, sans nodosités, est couvert d'une peau fine.

Le **métacarpe** a les mêmes caractéristiques que le carpe et, du fait de son peu de longueur, est vertical.

Le **pied antérieur** est rond, avec des doigts bien joints et arqués ; le coussinet central et les tubercules digités sont noirs ; les ongles sont également noirs ou au moins de couleur foncée.

• Membres postérieurs

Vus dans leur ensemble, d'une ossature robuste, ils sont parallèles entre eux et, vus de derrière, verticaux de la pointe des fesses jusqu'au sol.

Les **cuisses :** elles sont pourvues de muscles robustes, leur bord postérieur est convexe. Parallèle au plan médian du tronc, leur direction de haut en bas et d'arrière en avant est quelque peu oblique par rapport à la verticale. Leur longueur approche 40 % de la hauteur au garrot et leur largeur est un peu inférieure à leur longueur.

La **jambe** avec une gouttière peu visible, son obliquité sous l'horizontale, est de 55°. Elle est légèrement plus longue que la cuisse.

Le **jarret** : L'angle antérieur du jarret est de 140°.

Métatarse : La distance du sol à la pointe de l'articulation tibio-tarsienne est légèrement supérieure au 1/3 de la hauteur au garrot. Sa longueur correspond à la hauteur au garrot. Il est parfaitement d'aplomb.

Pied postérieur : Rond comme l'antérieur, dont il a toutes les caractéristiques.

> Allures

Unies, rasantes, dégagées, avec au trot des foulées courtes et rapides.

> Peau

Bien appliquée sur tout le corps, elle est pigmentée de taches sombres et de couleur rouge vineux, spécialement sur le dos. Les bords des paupières, les troisièmes paupières et les bords des lèvres sont noirs.

> Robe

Poil : Dense, luisant, brillant, tombant lourdement et de texture soyeuse, il est très long sur tout le corps et reste droit sur toute sa longueur sans traces d'ondulations ou de boucles. Sur le tronc, il doit dépasser en longueur la hauteur au garrot et retomber lourdement sur le sol, comme une cape bien posée sur le tronc, dont elle suit le modèle sans s'ouvrir ni former flocons ou mèches. Flocons et mèches sont admis sur les membres antérieurs, du coude jusqu'au pied, et, sur les membres postérieurs, du grasset au pied. Il n'y a pas de sous-poil. Sur la tête, le poil est très long, aussi bien sur le chanfrein, où il se confond avec celui de la barbe, que sur le crâne, d'où il tombe jusqu'à se confondre avec celui des oreilles. Sur la queue, les poils retombent d'un seul côté du tronc, c'est-à-dire sur le flanc et sur la cuisse, et ils ont une longueur telle qu'ils atteignent le jarret.

Couleur : Blanc pur ; on admet une teinte ivoire pâle. Des traces de nuances orange pâle, à condition qu'elles donnent l'impression de poils souillés, sont tolérées, mais non désirées, et constituent donc une imperfection.

> Taille et poids

Hauteur au garrot : pour les mâles de 21 à 25 cm ; pour les femelles de 20 à 23 cm.

Poids : de 3 à 4 kg.

> Défauts

Tout écart par rapport à ce qui précède doit être considéré comme un défaut qui sera pénalisé en fonction de sa gravité.

– Strabisme bilaltéral.

– Longueur du tronc dépassant de 43 % la hauteur au garrot.

• Défauts graves :

– Chanfrein nettement busqué.

– Prognathisme inférieur accentué, s'il altère l'aspect extérieur du museau.

– Taille des mâles dépassant 26 cm ou en dessous de 19 cm ; chez les femelles, au-dessus de 25 cm et en dessous de 18 cm.

• Défauts éliminatoires :

– Divergence ou convergence accentuées des axes crânio-faciaux.

– Dépigmentation totale de la truffe ou truffe d'une couleur autre que noire.

– Prognathisme supérieur.

– Œil vairon.

– Dépigmentation totale des paupières.

– Anourie, brachyourie tant congénitale qu'artificielle.

– Poil frisé.

– Toute couleur autre que le blanc à l'exception de l'ivoire pâle.

– Taches de diverses couleurs quelle que soit leur extension.

N.B. : Les mâles doivent avoir deux testicules d'aspect normal, complètement descendus dans le scrotum.

Le bichon maltais en quelques traits

Du standard du bichon maltais, détaillé plus haut, on retient les caractéristiques suivantes :

> Portrait

Originaire du bassin méditerranéen central, le maltais, encore appelé terrier maltais ou bichon à poil droit, appartient au 9e groupe, c'est-à-dire les chiens d'agrément. Il est classé dans la section 1, celle des bichons. Il pèse entre 3 et 4 kg, et mesure entre 21 et 25 cm pour le mâle, de 20 à 23 cm pour la femelle.

Le bichon maltais se distingue par sa tête large au crâne plat. On remarque sa truffe volumineuse, qui prend beaucoup de place au milieu de sa frimousse. Pour admirer ses yeux de couleur ocre foncé, et le bord des paupières noir, il faudra relever la mèche à l'aide d'une barrette. Ses oreilles tombantes sont attachées haut, lui donnant un air de gai luron.

Il a le corps allongé, la poitrine est bien descendue et sa queue forme une seule grande courbe.

> Un poil long et soyeux

Son signe distinctif est son poil très long droit sur toute sa longueur sans ondulation ou boucles. La fourrure du bichon maltais, d'un blanc pur, est douce et de texture soyeuse. Elle retombe lourdement sur le sol. On tolère chez le prince blanc, une robe ivoire pâle et également des traces d'orange pâle, bien que cette nuance soit considérée comme une imperfection.

Le caractère du bichon maltais

Le bichon maltais illumine son entourage par sa joie de vivre et ses yeux qui brillent. Toujours prêt à jouer, il nage dans le bonheur en compagnie des enfants. Plein d'entrain, infatigable, il est heureux en famille et se montre très affectueux. Aboyant peu, il est néanmoins sur le qui-vive à la vue d'un rongeur. Ce chien de salon est un ratier réputé !

Le petit compagnon idéal

Avec les femmes, il est le petit compagnon idéal. Le bichon maltais est si doux à choyer ! Il est calme, n'aboie pas inconsidérément, voire très peu. En appartement, il est tranquille et serein. Mais il n'est pas pour autant une potiche. Le bichon maltais est un bon vivant qui n'a qu'une envie, à l'instar de tous les chiens, se divertir, bouger, ce qui a pour résultat de détendre l'atmosphère dans la maison. Le bichon maltais est un rayon de soleil, un vrai marchand de bonheur.

> Les enfants, un public de choix

Avec les enfants, il a un public de choix. Ensemble, ils font merveille. On ne sait qui, du chien ou du bambin, met le plus de cœur à faire des bêtises ! C'est que le bichon maltais, comme tous les chiens, cherche toujours un prétexte pour jouer. Le jeu le plus courant est « attrape moi si tu veux ». Le bichon maltais aime aussi participer à ce jeu d'enfant : « Qui va à la chasse perd sa place ! » Il a un slogan, lorsqu'il offre sa balle : « Elle s'appelle Reviens ». Cela se lit dans son « sourire » de chien. Pas question de lâcher prise lorsqu'il présente son trésor ! Il le serre entre ses dents et l'emporte, en filant loin devant. Il s'implique totalement dans le jeu du mouchoir, le jeu de balle, le jeu de bâton. Il joue à cache-cache, aboie… Un vrai sac à malices ! Sans répit, il s'amuse. Rappelons que le chien, quelle que soit sa race, est l'espèce animale la plus joueuse.

Le goût du jeu survient dès l'âge de la tétée. Tout petit encore, dans le nid où il est serré contre ses frères et sœurs, le chiot bichon maltais est déjà plein d'imagination et trouve matière à jouer. Les petits malins se poussent sans cesse pour plaisanter. Ils se mordent mutuellement avec leurs dents de lait tranchantes et aiguës comme des enfants qui s'amusent à guerroyer sur un champ de bataille imaginaire. C'est dans ces tout premiers jeux qu'ils s'initient à l'attaque.

Le jeu, un privilège

- Dès l'âge de 3 mois, le chiot bichon maltais se donne mille raisons de jouer : joie de vivre, énergie à revendre, instincts révélés, agressivité gommée.
- Jusqu'à 6 mois, chez le bébé chiot, le goût du jeu s'accroît et, privilège de Canidé, ne diminue pas au fil des ans.
- Courir, sauter, bondir… C'est par ces figures ludiques que le chiot développe sa musculature.

Les chiots, qui grossissent et se heurtent continuellement dans leur nid, finissent par manquer d'espace et, dès qu'ils sont capables de sortir et que leur vient le désir de découvrir l'extérieur, ils se bousculent, se poussent, se tombent dessus et se piétinent dans une joyeuse pagaille. Ces contacts continuels, qui développent le sens du toucher et leur sociabilité, préparent ces chenapans à la vie en meute, le mode de vie normal des chiens.

> Le goût du jeu est inné

Le jeu de la petite bête qui monte est très excitant. Hop ! On se grimpe sur le dos. Lorsque cela fait trop haut, tout le monde descend. Si l'un des chiots fait la pause, c'est au tour d'un autre de monter sur son dos ! À ce rythme-là, on se fait vite des muscles. À se pousser sans arrêt, les bébés chiens finissent par rouler comme des tonneaux. Le roulé-boulé, on y prend goût. Puis on en vient aux jeux de pattes, aux jeux d'attaque ! L'heure des duels sonnera bientôt.

Le bichon maltais se sert aussi de sa gueule dans les jeux avec ses frères et sœurs. Cela commence par des léchages répétés semblables à ceux des bébés chiens avec leur mère. Ils reproduisentt alors le comportement sauvage

du louveteau qui lèche la gueule de sa mère pour l'inciter à régurgiter la viande avec laquelle elle va le nourrir. Ils se passent mutuellement la langue sur les babines. Ils se lèchent aussi les oreilles. Mais le plus drôle, c'est lorsqu'ils s'attaquent et se mordillent la nuque avec leurs dents de lait… C'est pourtant sérieux. Il s'agit d'une initiation au combat.

Tout attraper devient une habitude. Les chiots mettent tout à la gueule. Un vrai fourre-tout ! Tout ce qui est dur, mou, cartilagineux comme l'oreille du copain, va leur convenir. Saisir un joujou dans la corbeille et secouer la tête, fier comme Artaban, voilà un véritable comportement de chien! Une scène qui se répétera souvent tout au long de sa vie.

> Des manières de chien

La petite guerre, c'est le jeu qu'ils préfèrent. Leurs dents de lait très pointues peuvent déchirer les chairs. Lorsqu'un partenaire se coince la patte, vite, l'autre ferme la gueule, tandis que la victime ouvre grand la sienne tellement ça fait mal. C'est ainsi que dans une bataille, il y a d'un côté les perdants, de l'autre les gagnants.

Voilà un moment difficile à passer. Quand cela arrive, la mère chienne se précipite pour flanquer une tape à ses graines de voyous. Elle veut leur apprendre à ne pas se faire mal. Les chiots n'ont pas le droit de mordre, ce n'est pas du jeu !

La chenille est un autre jeu de bande très passionnant. À plus d'un mois, les bébés chiens ont la bougeotte. Auparavant, ils trottinaient comme des ratons, maintenant ils font la course. Ils peuvent même sauter sur les coussins, dégringoler des canapés. Ils forment une sacrée bande. Avec les frères et sœurs, ils marchent à la queue leu leu, un joujou dans la bouche. C'est l'instinct d'animal de meute qui se manifeste. On dirait une chenille qui se déplace, hormis le fait que l'insecte est un peu bruyant. Pour japper, le jeune bichon maltais n'est pas le dernier !

> À quoi joue-t-il ?

En compagnie des chiens adultes, le chiot ne se lance pas à corps perdu dans le jeu, comme le fait le chaton. Il hésite, timoré. Pourtant il doit vivre cette expérience pour avoir de bons rapports avec ses congénères et éviter les bagarres violentes à coups de crocs. C'est donc le plus grand qui amène le plus jeune à participer. Il bouscule les règles de la hiérarchie, inverse les rôles, se met en situation de dominer en se

Jeux dangereux

Tout petit, le chiot bichon maltais doit être surveillé pendant ses jeux. Les accidents ne sont pas rares dans la maison ou au jardin.

1. Ne laissez pas gommes ou pin's à sa portée. Il met tout à la bouche.

2. Observez-le lorsqu'il joue avec sa balle de caoutchouc : il peut n'en faire qu'une bouchée.

3. Ne laissez jamais traîner un sac en plastique : il s'engouffre à l'intérieur et peut s'asphyxier.

4. Surveillez les sorties : portes, fenêtres… Il prend vite la clé des champs.

roulant sur le dos. Ainsi le petit timide, miraculeusement, se sent une force d'Hercule et, tout ragaillardi, s'engage dans une folle partie de jeux.

Le jeu est son passe-temps favori

> Jouer avec le maître

À l'intérieur ou en plein air, on joue pour la détente, le plaisir d'être ensemble, entre maître et chien. Voici venue l'heure des jeux à deux ! Le bichon maltais a l'art d'inviter son maître

au jeu. Poitrine à terre et arrière-train en l'air, il exécute une révérence, se trémousse dans une éphémère danse du ventre. « Tu viens jouer ? », semble-t-il dire. Le maître (surtout s'il s'agit d'un enfant) ne se fait pas prier et se lance sur la piste. S'engage une folle course-poursuite. Changement de jeu. Le dernier passe devant, le chasseur se fait chasser. Sprint et chassé-croisé… Le chien court à perdre haleine puis encercle le partenaire fait comme un rat. Il jappe, repart de plus belle, sûr de gagner. Le jeu le plus courant est « attrape moi si tu veux ».

> Le jeu de balle

Incontournable, le jeu de la balle, a fait ses preuves. On lance l'objet, il l'attrape, le garde ou le rapporte selon l'humeur. Indémodable, le jeu du bâton, vieux comme le monde, a toujours le même succès aux yeux du chien. On projette un bout de bois, il le rattrape au vol et joue les majorettes.

> Le jeu de piste

Le jeu de piste est l'enfance de l'art. On lui fait renifler un mouchoir imprégné de notre odeur. On se cache. Avec son flair exacerbé, il a toutes les chances de nous débusquer sans peine. Le jeu de piste met le chiot en extase. À côté des activités purement ludiques, il y a le

Drôles de jeux !

Parfois tout n'est pas très clair dans sa petite tête de cabot. Il a des distractions qui relèvent davantage de la pathologie que du jeu, d'autres qui reflètent davantage les instincts de Canidé que le goût du divertissement. Par exemple, il court après sa queue. Il a beau s'acharner, il ne peut s'emparer de son « joujou », solidement vissé sur le haut de l'arrière-train, dressé comme une fusée ! Il tourbillonne, toujours plus vite, comme une vraie toupie, puis s'arrête, comme atteint de vertige. Et à nouveau il repart dans sa course folle. Son jeu dénote une frustration.
Autre jeu bizarre, s'attaquer aux pantoufles ! Élues « Oscar du meilleur jouet », elles font merveille. Toujours à terre, béantes, inertes, faciles à saisir, à emporter, à trimballer, mettre en pièces… Elles ressemblent à des proies. Quoi de plus grisant que d'arracher la semelle comme un plumage ? C'est tout simplement une question d'instinct et de survie chez le chien. N'oublions pas que le bichon maltais a du sang de caniche et de barbet, chiens très prisés des chasseurs d'oiseaux d'eau !

L'intelligence

L'intelligence canine est une prédisposition à affronter les situations nouvelles et à réagir pour le mieux. Dans les séquences improvisées, par exemple, le chien fait preuve de génie. On a beau monter en épingle la performance étonnante du flair canin, on ne peut éluder la notion de subtilité, de finesse qui caractérise le chien.

Dans bien des cas, c'est l'homme qui stimule ou au contraire endort l'intelligence canine. Certes le chien possède des facultés innées et jouit de l'influence de la race, mais le rôle du maître est capital. Il doit promener son compagnon, jouer avec lui pour que celui-ci fasse fonctionner sa matière grise. Au maître d'être perspicace, et d'éviter le mélange des genres. Car chaque chien a des aptitudes bien précises.

sport comme la marche, le jogging. Le chien va et vient, flaire, s'arrête, dévie, retourne. Il multiplie son trajet par quatre ou cinq tandis que le maître suit la ligne droite !

> Partie de plaisir

À l'intérieur, le jeu est facile à inventer : on cache la balle sous le canapé, il la retrouve, la rapporte, la queue qui frétille, et jappe comme pour crier « eurêka ! ». Mais le chien aime aussi les jeux éducatifs pourvu que, adaptés à son âge, ils restent une partie de plaisir et ne deviennent jamais une contrainte.

Sociable avec les animaux

Avec les autres animaux, le bichon maltais s'entend facilement, pourvu que le maître garde un œil sur ses ouailles ! À la maison, le maître doit contribuer à la bonne entente entre ses animaux.

C'est ainsi que, en prenant mille précautions, on peut espérer une paix relative. Attention à ne pas laisser seul un cochon d'Inde en compagnie d'un bichon maltais, si ces deux animaux ne se connaissent pas suffisamment ! Enfin à la ferme, il faut être vigilant. La vue des plumes évoque chez le chien de véritables orgies et le bichon maltais, bien qu'extrêmement pacifique, n'échappe pas à cette règle générale.

Entre chien et chat, c'est plus facile, tant que l'on veille à ne pas faire de jaloux. Si on caresse l'un, il faut dorloter l'autre. Aucun ne supporte la moindre injustice.

> S'entendre avec le chat

L'adage « s'entendre comme chien et chat », qui suppose jeux de pattes et coups de crocs, a la peau dure. Mais est-il toujours valable ?

On ne peut nier que, chez le chien et le chat, les présentations sont difficiles. Ces deux espèces n'ont pas le même code et ne communiquent pas avec les mêmes signes. Lorsque le chien lève la patte avant pour inviter le chat à jouer, ce dernier prend cela pour une agression. Il crache, il feule. Le chien, effaré par cette conduite de sauvage, s'enfuit. Le chat le poursuit, associant le réflexe de fuite à une attitude de victime. Il faudra beaucoup de temps pour que les frères ennemis accordent leurs violons. Si au contraire, le chien plus perspicace insiste devant le chat énervé, il a droit à l'attaque. Coups de griffe, miaulements d'insulte… Le climat se détériore. Après une ou deux semaines, les malentendus s'estompent. Chat et chien finissent par trouver un terrain d'entente. Pour cela, le maître doit contribuer à réconcilier les frères ennemis. Il ne faut pas privilégier le nouveau venu par rapport à l'« ancien » !

En famille

> Comprendre son langage

En agitant son fouet, le bichon maltais fait part de ses volontés et de ses sensations ; il délivre un message. C'est avec sa queue qu'il commande ses frères et sœurs. À droite, à gauche, la queue en balancier détient la clef du langage. À travers les différentes positions de la queue et aussi par les mouvements et impulsions qu'il lui donne, le chien joue la transparence. Il ne peut rien cacher. Est-ce qu'il bat de la queue ?

C'est qu'il a l'arrière-train entre deux chaises. Accaparé par deux états d'esprit différents, il ne sait où donner de la tête. Cela lui arrive lorsqu'il retrouve son maître. Son bonheur ne saurait être complet : s'il aime son protecteur, il a toujours en lui la crainte, enracinée comme une mauvaise herbe, de le décevoir.

Avec nous, l'ami chien utilise souvent sa queue pour se faire comprendre. Il la porte basse, lorsqu'il vient nous accueillir, se montrant sous son beau jour, aimable, gentil. S'il est d'une politesse exquise, il tend la patte avant. Éprouve-t-il du respect pour nous ? Dans ce cas, il baisse pavillon, queue et oreilles bien basses, assis sur les pattes arrière. Et comme il reconnaît que le maître est au poste-clé, il s'accroupit aux trois quarts. Faisant acte de soumission totale, il ramène la queue entre les jambes puis se couche. Mais s'il doit se défendre, la queue demeure à l'horizontale. Il a les oreilles couchées, le dos arrondi. On ne l'entend pas grogner mais gronder. S'il dresse la queue en même temps que les oreilles, il donne l'alerte. Rien d'autre ne l'intéresse que cette mission à accomplir. Les yeux braqués sur l'objet insolite, il ne voit rien d'autre. A-t-il peur ? Il reste muet. Il rentre la queue sous son ventre.

> Musicologie canine

Pour se faire comprendre, le chien utilise tout un éventail de sons : vifs ou atténués, sourds ou aigus. Cela va du gémissement au criaillement aigu, au grognement, au miaulement, au jappement, au grondement, au hurlement, au toussotement… sans oublier l'aboiement. Pour en dire plus, il élabore un savant mixage : les sons se superposent et produisent un concert mêlé d'aboiements et de grondements, d'aboiements et de hurlements, d'aboiements et de jappements… En musicologie canine, on parlerait de sons mixtes.

Bien vivre avec son bichon maltais

L'ACHAT DU BICHON MALTAIS

Avant toute acquisition qui nécessite des documents officiels, le choix apparaît comme une démarche très importante, puisqu'elle entraîne une vie commune d'une durée de quinze ans et, en la matière, il est hors de question d'avoir des regrets : un chien est certes une histoire d'amitié, mais aussi de satisfaction personnelle.

Bien choisir son bichon maltais

Mieux vaut ne pas se précipiter au moment de l'achat. Il faut prendre son temps pour questionner l'éleveur, se rendre aux expositions, échanger des points de vue avec les professionnels. Ce sont autant de préliminaires qui aident à faire le bon choix.

Tout d'abord, il convient de frapper à la bonne porte. On s'adressera directement au Club des bichons et des petits chiens lions, qui communique les coordonnées d'éleveurs ayant des portées disponibles ou encore auprès de la Société centrale canine (SCC). Autre créneau, les revues canines qui disposent d'un carnet d'adresses bien fourni.

> Graine de champion

En matière de chiens de race, il n'est pas question de faire de fausses économies. La vraie valeur d'un chien qui apportera bonheur et satisfaction pendant une quinzaine d'années est bien supérieure à quelques euros. Si l'on désire un bichon maltais destiné aux concours, il doit nécessairement être issu de grandes lignées de champions de beauté. Dans ce cas, la qualité se paie. Il faut alors s'orienter vers un élevage prestigieux, connu pour ses graines de champions.

On peut préférer un bichon maltais qui ne soit pas présenté aux concours. Il faut savoir que l'on ne paie pas plus cher un bichon maltais acheté dans un élevage que dans une animalerie. Un chiot, qui a été manipulé à la naissance et dont un éleveur a favorisé la croissance et développé les réflexes qui vont lui permettre de s'intégrer dans la société, a forcément acquis des prédispositions à vivre auprès de l'homme et l'éducation qu'il a reçue va l'aider à s'épanouir.

> Comment l'appeler ?

C'est souvent lorsque l'on est face à son favori que vient l'inspiration. Son physique et son caractère sont parfois déterminants quant au choix du prénom. Il se peut que l'éleveur ait choisi un prénom et que ce dernier déplaise à l'acquéreur. Dans ce cas, rien n'empêche de chercher un surnom. L'essentiel est que le nom véritable soit mentionné sur les documents officiels et les listes des concours. Il est fréquent également qu'un affixe soit accolé au nom du chiot, placé devant ou derrière. C'est tout simplement le nom de l'élevage, qui indique d'emblée la lignée d'où vient le chiot. Il est évidemment très plaisant de posséder un chiot bichon maltais de grande souche, d'autant plus que certains élevages ont des affixes très connus s'apparentant même à un label de qualité.

Les papiers du chiot

Ces documents remis par le vendeur sont obligatoires. En cas de problème, la responsabilité de l'éleveur est engagée.

> L'attestation de cession

Ce papier mentionne les conditions de la transaction. Il est par conséquent très important et a valeur de contrat. Lorsque l'éleveur est un professionnel, l'attestation de cession équivaut à une facture. Certains éléments doivent obligatoirement être mentionnés dans ce document : coordonnées du vendeur et de l'acheteur ainsi que celles du vétérinaire de l'acquéreur et du vendeur ; identification du chiot, les conditions de vente. Vérifiez bien la date de livraison, c'est elle qui fait foi si par hasard vous devez exercer un recours (dans le cas de maladies particulières considérées comme vices rédhibitoires). Enfin la destination du chien doit être précisée : chien de compagnie, exposition, reproduction… À noter qu'il n'existe pas de clause limitant ou exonérant l'éleveur de certaines de ses obligations – tout prétexte est

Mauvaise surprise

Il arrive que des chiots soient vendus moins chers, bradés comme au temps des soldes pour les vêtements. Seraient-ils déjà hors mode, ou ne se vendraient-ils pas parce qu'ils n'attirent personne ? Mille questions se posent. Une braderie d'animaux intrigue toujours. Ce n'est sûrement pas par philanthropie que l'éleveur baisse ses prix. Sans doute le chien nous cache-t-il quelque chose ! Mieux vaut ne pas avoir de mauvaises surprises en arrivant à la maison !

donc illégal. Enfin tout éleveur professionnel remettra une facture à l'acquéreur.

> La carte d'identification

Tout chiot faisant l'objet d'une transaction doit être identifié par tatouage ou par puce électronique. Précisons que l'identification électronique sera la seule méthode reconnue en 2010. L'éleveur remet un document officiel établi à son nom et qui porte le numéro d'identification. Une fois que l'on aura inscrit ses coordonnées, on renverra le document à la Société centrale canine. Celle-ci officialise par un papier le changement de propriétaire. Une nouvelle carte est éditée au nom de l'acquéreur et lui est adressée.

Mâle ou femelle ?

A-t-on l'intention d'avoir des portées ? Dans ce cas, il faut se décider pour une femelle. En revanche, si on se contente d'un seul chien, on aura la même satisfaction avec l'un ou l'autre sexe. En effet, la différence est infime, sinon nulle, au niveau du comportement. Et qu'il s'agisse d'un mâle ou d'une femelle, l'intervention de castration s'impose. Pour ne pas subir les inconvénients des chaleurs, on doit emmener son chien chez le vétérinaire.

> Le certificat de naissance

Il s'agit du certificat d'inscription provisoire au Livre des origines français (LOF). Ce document atteste que votre chiot est issu de parents ayant un pedigree reconnu par la Fédération cynologique internationale (FCI). La généalogie est déclinée sur trois générations. Lorsque l'éleveur ne possède pas ce document au

L'annulation de vente

Il est possible de procéder à une annulation de vente dans un délai de 30 jours. Cette décision se justifie lorsque l'on acquiert un chien en mauvaise santé ou, pire, atteint de maladies incurables ou "réputées contagieuses". Celles-ci entrent dans la catégorie des vices rédhibitoires. Dans ce cas, on porte une demande de recours civil contre l'éleveur. Cette requête a lieu si le vétérinaire, lors de la visite d'achat, établit un diagnostic de suspicion.

moment de la vente – ce qui n'est pas une anomalie –, le numéro du dossier ouvert par la SCC au moment de la déclaration de saillie, doit figurer sur l'acte de vente. C'est une garantie comme quoi les formalités nécessaires pour l'enregistrement du chien ont été effectuées par l'éleveur.

> Le pedigree

Pour être présenté à l'examen de confirmation, le chiot doit avoir au minimum douze mois. Le juge ou l'expert vérifie que le bichon maltais est conforme au standard de la race. Il faut encore prouver que ce chiot ne présente aucun défaut pouvant empêcher sa confirmation. Une fois le chien confirmé, son certificat d'inscription provisoire eu LOF sera remplacé par un pedigree définitif.

> Le passeport européen

Depuis la fin de l'année 2004, un passeport européen fourni et rempli par le vétérinaire, remplace le traditionnel carnet de santé. Ce document est le même dans tous les pays de l'Union européenne puisqu'il a été conçu dans une optique d'harmonisation. Il mentionne l'identification et la description du chien, le

nom et l'adresse du maître, et comporte des données sanitaires (vaccination, antécédents médicaux). Ce passeport est donc indispensable pour voyager dans l'Union européenne avec son chien.

Il faut également procéder à l'identification de son chien et à la vaccination contre la rage. Certaines mesures supplémentaires (sérologie antirabique, traitement antiparasitaire spécifique) sont requises pour voyager vers l'Angleterre, la Suède, Malte ou l'Irlande. Les conditions sanitaires doivent être anticipées : on prévoit un laps de temps de plusieurs mois. Enfin seule l'identification électronique est reconnue pour ces pays.

> Le document d'information

Selon la loi du 6 janvier 1999, une notice d'information doit être remise par le vendeur à l'acquéreur du chiot de race. Besoins et particularités de la race y sont notifiés.

> Le certificat de bonne santé

Si l'éleveur produit une seule portée par an et se définit comme particulier, il est contraint à remettre à l'acquéreur un certificat individuel de bonne santé du chiot. Ce document établi par un vétérinaire et datant de moins de 15 jours ne concerne pas les éleveurs professionnels.

Première visite chez le vétérinaire

Qu'il soit tout jeune chiot ou chien adulte, le bichon maltais doit être ausculté par le vétérinaire. Cette première visite comprend aussi les vaccins et l'identification électronique.

Être en règle : le transfert

Chaque pedigree est accompagné d'un certificat de transfert, destiné à être signé par le vendeur et le propriétaire afin d'officialiser le transfert du chiot.

Le paiement

Mieux vaut laisser des traces de son acte de vente en effectuant un paiement par chèque plutôt qu'en espèces.

Lorsque la somme est élevée, le vendeur consent des facilités de paiement permettant d'étaler le règlement sur 2 ou 3 mois.

Avant d'établir le protocole de vaccination et de remplir les formalités administratives, le vétérinaire inspecte le chien. Il observe sa peau, qui doit être résistante, sans marques de desquamation, ni odeur ni graisse. Le poil est sain et lustré. Il n'abrite pas de parasites. Les yeux sont brillants, propres, sans larmoiements ni rougeurs. Le chien ne doit ni cligner des yeux ni avoir un regard trouble. Les oreilles ont l'intérieur rose pâle, sans écoulement ni odeur.

Le vétérinaire ouvre la bouche du chien pour inspecter les crocs qui doivent être clairs et lisses. Les gencives et la langue sont roses, parfois mouchetées de noir. Les gencives forment une bordure nette autour des crocs, empêchant les aliments de rester coincés et de donner une mauvaise haleine.

Les pattes sont nettes, les coussinets intacts, les griffes parfaites. Enfin le praticien regarde les glandes anales du chien, propres et sans traces d'inflammation. À l'aide du stéthoscope, il évalue son rythme cardio-respiratoire. Puis il tâte son abdomen. Enfin il pèse le chien.

Si le chiot est un nouveau venu et vient d'être acquis au sein d'un élevage, il est vacciné et « pucé » (identifié). Le praticien vérifie le carnet de vaccination. Il lui appartient d'établir un protocole de vaccination et de convier le maître à de prochains rendez-vous pour les rappels. Un carnet de santé, libellé au prénom du chien et au nom du maître, est distribué à ce dernier.

Le vétérinaire doit attester que le chiot n'est pas atteint de maladies. Puis il donne des conseils portant sur la santé mais aussi l'alimentation du chiot et ses activités.

Les vices rédhibitoires

Certains troubles ou maladies, constatés par le vétérinaire, sont considérés comme vices rédhibitoires et permettent l'annulation de la vente. Cela permet au maître, selon la loi du 22 juin 1989, de faire valoir ses droits.

Le délai de rédhibition est de 30 jours. Comptez :

– 8 jours pour la maladie de Carré ;

– 6 jours pour l'hépatite de Rubarth ;

– 5 jours pour la parvovirose.

S'agissant des tares, la dysplasie coxo-fémorale n'est visible qu'à 6 mois, à l'instar de l'ectopie testiculaire. Seule l'atrophie rétinienne peut être détectée plus tôt.

Voici quels sont vos droits après le constat de ces maladies :

1) L'annulation de vente.

2) On a le choix entre deux solutions après l'expertise, effectuée par le vétérinaire :

a) la demande de résiliation de la vente : on obtient le remboursement des frais et on rend le jeune animal à l'éleveur ;

b) le remboursement d'une partie des frais d'acquisition, en échange de quoi l'on garde son petit compagnon.

3) on peut également intenter une action en nullité de vente pour vices rédhibitoires. Le délai d'action est de 5 ans.

La dysplasie et autres vices rédhibitoires

Trois affections virales (maladie de Carré, hépatite de Rubarth, parvovirose) sont considérées comme vices rédhibitoires. Elles suffisent à annuler automatiquement la vente si le constat est fait à temps. S'ajoutent trois autres maladies congénitales relevant de cette procédure.

La puce qui sauve

L'identification est un moyen quasi infaillible pour retrouver son animal. La puce présente un avantage par rapport au tatouage : elle est totalement inaltérable et incassable alors que le tatouage s'efface et devient illisible au bout de quelques années, sinon de quelques mois !

La dysplasie de la hanche se caractérise par un défaut de développement de l'articulation coxo-fémorale. Cela entraîne une arthrose qui affecte principalement les races géantes ou à croissance rapide comme le berger allemand, le saint-bernard et, beaucoup plus rarement, le bichon maltais.

Les symptômes se manifestent dès le tout jeune âge du chien. Vers 5 à 8 mois, ce dernier souffre dès que l'on touche sa hanche. Il boite, court avec peine, monte difficilement les escaliers. Son activité physique diminue. Il est victime de crises aiguës, de plus en plus fréquentes. Il éprouve des difficultés à se relever.

Autre tare congénitale, l'atrophie rétinienne héréditaire. Cette affection de la rétine entraîne une perte progressive de la vision. Au début, le chien manifeste une baisse de l'acuité visuelle à l'approche du soir. Souvent une cataracte s'ajoute à la dégénérescence de la rétine.

La troisième tare congénitale faisant l'objet d'un vice rédhibitoire est l'ectopie testiculaire. On parle de cryptochidie lorsque les deux testicules sont absents dans les bourses et présents dans l'abdomen. Si un testicule sur deux est en bonne position, il s'agit d'une monorchidie. Ces anomalies touchent 10 % de la population canine. Un traitement médical peut être entrepris dès 10 semaines, mais les résultats sont rarement satisfaisants.

Les assurances

Les attestations d'assurances sont très appréciables en cas de frais de maladie, mais aussi en cas de bêtises du chien... Mieux vaut être paré pour les coups durs et avoir l'esprit tranquille. Selon l'article 1385 du Code civil : « Le propriétaire d'un animal, ou celui qui s'en sert, pendant qu'il est à son usage, est responsable du dommage que l'animal a causé, soit que l'animal fut sous sa garde, soit qu'il fut égaré ou échappé. »

Le problème est crucial lorsqu'il s'agit de la santé. On n'est jamais à l'abri d'un coup dur avec son chien : torsion d'estomac, fracture du bassin. Il n'est pas superflu de contracter une assurance médico-chirurgicale pour animaux.

L'ACCUEILLIR À LA MAISON

Pour son arrivée, tout doit être prévu. Son équipement est au complet, car il s'agit d'assurer confort et bien-être au bichon maltais vivement intimidé dans sa nouvelle maison. De ses petites affaires à la méthode d'intégration, tout doit être préparé pour bien l'accueillir.

L'équipement

> MANGER ET DORMIR

• Une seule gamelle

Sa gamelle est assez profonde et stable. Cette assiette pour chien est dotée d'une rondelle de caoutchouc antiglisse qui permet une parfaite adhérence au sol. Un bol, en plastique ou en métal, contient l'eau fraîche qui doit être à sa disposition en permanence.

• Une corbeille

Pour les siestes confortables, il dispose d'une corbeille en tissu matelassé, imprimé ou en coton fleuri. Le nid doit être suffisamment grand pour que son occupant ne soit pas gêné pour dormir.

• Niche en double

Une niche dans la maison et une niche pour coucher dehors, c'est l'équipement idéal pour le chien. Même si le bichon maltais passe le plus clair de son temps à la maison, il aime disposer d'un refuge à l'extérieur. Il doit alors être bien protégé contre le vent, les orages ou la canicule.

Une niche dans le jardin correspond à une cabane chez les enfants. C'est un monde secret et rassurant. La niche, construite en bois, et isolée de laine de verre, doit être surélevée de 10 cm par rapport au sol. Elle est recouverte d'un toit qui déborde sur les côtés pour laisser s'écouler la pluie.

Une niche représente un havre de paix pour un chien, voire un « champ d'isolement » selon les psychanalystes. Si on a le sens du bricolage, rien n'empêche de construire cette cabane. Un carton recouvert d'un molleton ou d'une vieille couette fait l'affaire. On peut même prévoir plusieurs niches dans la maison. Avec un refuge en plein jour, un dortoir pour la nuit… le chien est comblé. L'avantage est qu'il n'a plus la moindre envie de s'immiscer dans la chambre du maître.

> ÊTRE BEAU ET SAIN

• Brosses et coupe-ongles

Pour les séances d'hygiène, on prévoit une brosse et un peigne, instruments courants au même titre que la brosse à dents et la pince à guillotine (ou pince à ongles). Pour une toilette plus approfondie, on peut utiliser un gant lavant pour chien. Imprégné d'une lotion spécialement adaptée à la peau et au pelage du chiot, il est hypoallergique et enlève les odeurs désagréables.

> JOUER ET SORTIR

• Laisse et collier

Pour se dégourdir les pattes, laisse et collier forment l'équipement indispensable lors des

sorties en ville. Mieux vaut prendre un équipement de cuir qui n'irrite pas le poil. On peut ajouter au collier une petite médaille où sont gravés le nom du chiot, l'adresse du maître, et ce malgré l'identification électronique : deux précautions valent mieux qu'une !

• Habits de chien

Pour sortir dans le monde, le bichon maltais a besoin d'un pull-over, d'un imperméable, d'un manteau… Il existe toute une gamme de vêtements pour chiens, du loden au perfecto, manteau double protection, avec une fourrure en synthétique à l'intérieur, une surface de type ciré à l'extérieur. L'hiver ou sous la pluie, l'habit du chien n'est pas superflu. À force de vivre en appartement surchauffé, il est devenu frileux dès qu'il met le nez dehors.

Installer son bichon maltais

Il a son coin, ses affaires mais encore faut-il qu'il ait suffisamment de place dans la maison !

> L'état des lieux

Comment le mettre en confiance dès son arrivée ? On l'emmène faire l'état des lieux. Transporté dans les bras, il découvre chaque pièce, respire les odeurs. On lui montre les endroits auxquels il a accès : un coin pour dormir, un coin pour les W.-C., un coin pour jouer.

Au tout début, c'est dans la cuisine qu'il sera le mieux. Les bonnes odeurs et l'activité qui s'y déroule sollicitent ses sens, captivent son attention. De surcroît, pour ce petit maladroit, mieux vaut le carrelage, qui se nettoie beaucoup plus facilement que le parquet ciré ou la moquette.

Pour la nuit, l'idéal est de disposer sa corbeille dans le couloir, près de la porte de la chambre à coucher, afin qu'il sache qu'il n'est pas tout seul, puis un peu plus tard de rapprocher son lit du bureau de son maître ou de son atelier. Ainsi son coin couchette sera-t-il associé dans son esprit à un doux refuge !

Après une journée d'adaptation, le petit timide reprend du poil de la bête. On le découvre à la fois turbulent et gauche comme un éléphant dans un magasin de porcelaine.

Joujoux à mordre

Pour les parties de jeux, le chiot bichon maltais a besoin de joujoux à mordre. Cela lui permet de se faire les crocs, tout en épargnant les pieds de table. Balles de tennis, os au fluor ou en buffle, monstres à poil ou à musique, etc. L'éventail est vaste.

Pour voyager

Le sac de transport en plastique ou en cuir, avec ou sans hublot, est indispensable pour emmener son chien en voyage, que ce soit en train, en bus, en avion ou en voiture. Le sac est également incontournable lors des déplacements en ville comme les visites chez le vétérinaire.

> Dans la cuisine, les bonnes odeurs

Il faut qu'il ait à sa disposition un large « essuie-pattes », c'est-à-dire une grande serpillière, étalée sur le seuil de l'entrée. Évidemment c'est au maître de saisir les pattes mouillées de son bichon maltais et de les appliquer sur le tapis adéquat pour les lui sécher. S'il a le poil souillé, on ôte les poussières et on le douche s'il sent la terre humide. Quel que soit l'endroit d'où il vient, on lui apprend à stationner sur cet essuie-pieds.

Une fois propre, il peut rester sur le carrelage, ce qui évite de salir les tapis et canapés du salon. La cuisine semble être un endroit

L'entente cordiale avec le chat

Si la bagarre semble être au programme, une séparation est préférable les tout premiers jours. On installe le nouveau venu dans une autre pièce. L'autre compère, fortement intrigué par cet intrus, vient renifler devant la porte. C'est ainsi qu'il va s'accoutumer à l'odeur bien particulière de cet inconnu. La curiosité et le goût du jeu finiront par prendre le dessus. Au bout de quelques jours, ce sera l'entente cordiale. Et lorsque chat et chien font la paix, ils s'entendent comme larrons en foire.

adéquat pour le chien. Par mesure d'hygiène, on doit lui interdire de lécher récipients et assiettes.

L'intégrer au foyer

Pour être heureux parmi les siens, le chien doit respecter les règles du savoir-vivre

> Heureux en famille

Très tôt, le chien est initié à l'école de la vie. Il acquiert les principes de la cohabitation avec l'homme et se prépare à son examen de pas-

sage pour la vie en société. Il doit avoir un esprit d'ouverture et tolérer d'autres espèces que la sienne. Tout commence par l'apprentissage des bonnes manières.

À l'heure du repas, le chien ne doit pas prendre son repas en même temps que les membres de la famille. S'il mange dans une autre pièce, rien n'empêche qu'il se régale avant ses maîtres. Cela lui évitera de mendier à table. Toutefois, on doit laisser un temps d'attente entre ses repas et le déjeuner familial. S'il s'aperçoit qu'il est servi le premier, il se prend tout de suite pour le chef de famille ! Un conseil : on doit apprendre aux enfants à garder le calme. Cris et disputes cassent les oreilles du tranquille bichon maltais.

> En paix avec le chat

Chien et chat ont l'un et l'autre une sensibilité à fleur de peau. Il faut donc respecter les points stratégiques, c'est-à-dire les coins repas – à chacun son assiette, sa ration (sa nourriture spécifique) – et les coins pour dormir, à chacun sa corbeille. Ce qu'il faut comprendre, pour ne pas commettre d'impairs, c'est la manière dont ils communiquent.

Le chat miaule pour exprimer sa colère ou ses revendications, ronronne de bonheur ou de souffrance, le chien gémit, grogne, jappe, glapit et aboie pour proférer une menace ou dire sa joie. Avec un peu d'oreille, on parvient à deviner les nuances de leur langage. Mais encore faut-il bien comprendre leur langage corporel, condition *sine qua non* d'une bonne cohabitation. Même si on croit que, chez le chien, on lit comme dans un livre ouvert, tant il est expressif avec ses mimiques, ses attitudes, on risque de faire des erreurs d'interprétation.

> La guerre n'aura pas lieu

La guerre n'a pas lieu lorsque les deux complices grandissent ensemble. Car le chiot, qui n'a pas encore franchi la période de socialisation (de 7 à 12 mois), ne sait pas à quelle espèce il appartient. Les jeux – roulé-boulé, queue leu leu, mordillements, saute-mouton –, peuvent donc être partagés. De son côté, le chaton, qui ne demande qu'à jouer, ne fait aucune difficulté à accepter son copain de jeu. Il est encore trop jeune pour avoir le sens du territoire. C'est ainsi que le dicton « s'entendre comme chien et chat » perd tout son sens.

Avec le rongeur

À la différence des chiens de terrier, le bichon maltais, qui est pourtant un bon ratier, peut être sage comme une image avec le hamster ou le cochon d'Inde. Il n'empêche, ce chien a beau être pacifique, il faut lui présenter des petits rongeurs de compagnie de manière à ce qu'il comprenne qu'ils appartiennent à la maison.

L'ÉDUCATION DU BICHON MALTAIS

La bonne éducation enseignée au chien correspond à un ensemble de règles ancrées dans sa mémoire. Le Canidé respecte les lois qui régissent la meute. On se doit de lui rappeler qu'il est sous la dominance du maître. Cette règle vaut autant pour le bichon maltais, apparemment inoffensif et docile, que pour tout autre chien, plus puissant ou plus agressif.
La cohabitation est harmonieuse seulement si le chien est à sa place. Il n'en sera que plus aimé dans la société.

Les règles du savoir-vivre

La propreté et l'obéissance s'inscrivent dans la nature profonde du chien, mais, si le maître ne fait pas preuve d'autorité, le Canidé ne rate pas l'occasion de se comporter en chien fou.

> La propreté

Il s'agit davantage d'une révision que d'une leçon. Le chiot bichon maltais a appris de sa mère à ne pas « signer » son passage. Il ne doit pas déposer de cartes de visite, c'est-à-dire les phéromones, substances contenues dans les selles et urines, car dans la nature cela attire les prédateurs. C'est pourquoi le corps du « délit » n'est jamais déposé dans la corbeille, ce qui la rendrait trop facile à découvrir. Elle doit rester intacte afin que la portée soit protégée. Par conséquent, le chien doit comprendre que la maison correspond à son nid et qu'elle doit être préservée de ses odeurs. Ne s'agit-il pas de sa tanière où il est à l'abri de tous les dangers ?

Chez le tout jeune chien, l'âge de la propreté varie en fonction des individus, entre 5 semaines et 4 mois. L'idéal est de consacrer tout un week-end à la leçon de propreté et de s'armer de patience. Le résultat n'en sera que plus rapide. La méthode consiste à laisser un tapis adéquat sur le carrelage. On peut également tapisser de serpillières son coin pipi. On peut opter pour la caisse de bois remplie de journaux mais cela présente un inconvénient : le chiot risque d'associer pour toujours journaux et miction. Du coup, il n'hésitera pas à arroser tout magazine qui jonche le sol. C'est un lieu commun : le chien fait où on lui dit de faire. L'idéal ? Les W.-C. pour chiens, bien étudiés pour les petits modèles comme le bichon maltais.

La main invisible

Cette leçon de propreté, qui nécessite patience et vigilance doit être assortie de progrès rapides. Dans le cas contraire, il faut hausser le ton et, après chaque délit, ramener le chiot à l'endroit indiqué pour faire ses besoins. Inutile d'avoir recours aux méthodes barbares, telles que lui fourrer le nez dans ses saletés ! Mieux vaut user de ruse et lui envoyer un journal sur la tête pendant qu'il souille le parquet. Ni vu ni connu : cette punition « venue du ciel » est efficace.
Un conseil : après les oublis du chien, il ne faut jamais nettoyer sous ses yeux. Il interpréterait cette scène comme un appel au jeu.

• Lui apprendre le caniveau

Au bout du quatrième ou cinquième jour, on pourra emmener son bichon maltais à l'extérieur. On lui met un collier réglable, en fonction de sa taille, puis on ajoute une laisse afin de pouvoir le diriger. Dès que le jeune bichon maltais s'apprête à souiller la moquette, vite, on le sort. On choisit un endroit qui lui servira de « petit coin » : en ville, le caniveau ; à la campagne, un champ près de la maison. Pendant la promenade, le long du trottoir, on donne une impulsion sur la laisse pour amener son compagnon dans la bonne direction, c'est-à-dire dans le caniveau, où il va faire ses besoins. D'une voix tranquille, on l'encourage : « fais pipi ». Quelques jours plus tard, on peut exiger de son élève une régularité : tôt le matin, tard le soir. Pour cela, il est nécessaire de faire manger son bichon maltais à des heures régulières. Mais ne soyez pas trop exigeant, un jeune chien ne peut pas se retenir plus de 6 heures d'affilée

> L'OBÉISSANCE

L'obéissance est indispensable chez le Canidé, quel que soit son statut, chien de compagnie ou chien de travail. Cette éducation est fondée sur plusieurs ordres, lesquels, une fois assimilés, favorisent la cohabitation et l'intégration du chien non seulement dans la famille mais en société.

Assis : on prononce l'ordre en exerçant une légère pression sur les reins du bichon maltais, tout en lui relevant la tête. Immobile, posé sur son arrière-train, le corps droit, le bichon maltais ne doit pas se coucher. On utilise ce commandement notamment lorsqu'il tire sur sa laisse pendant la promenade.

Couché : cet ordre est nécessaire lorsque le bichon maltais se montre possessif avec ses jouets ou sa nourriture. Il apprend à obéir en regagnant son panier ou en s'allongeant sur le tapis. Il ne doit pas se relever jusqu'à l'ordre suivant.

Pas bouger : on doit se montrer catégorique. On ne quitte pas des yeux son chien jusqu'à ce qu'il soit parfaitement immobile. Le bichon maltais doit se plier à cet ordre pour ne pas

Ramassage obligatoire

En ville, le maître doit se munir d'un « easy scoop » (ramassage facile), attirail constitué de sacs et pinces en plastique, totalement recyclables. Si l'on ne prend pas ces précautions, pour éviter que les déjections ne maculent le trottoir, on risque une amende d'un montant variant entre 150 et 450 euros.

s'éloigner en pleine rue, s'échapper devant un feu de signalisation.

Le rappel : à l'aide d'une longue laisse avec enrouleur, on promène son bichon maltais comme s'il n'était pas attaché. D'un coup sec, on reprend de la tension. S'il ne vient pas immédiatement, on le surprend par un bruit inattendu (un sifflement aigu). Très vite, le bichon maltais vient chercher refuge près de son maître.

Lui donner un prénom

Le prénom revient comme un leitmotiv dans l'éducation du chien. Il doit être court et facile à porter.

Le chien a sa propre identité et se distingue des autres grâce à son prénom. C'est par ce moyen que l'on peut se faire obéir. Pour qu'il assimile les ordres le plus vite possible, mieux vaut que le chien ait un prénom court, monosyllabique. Cela sonne bien sur la plage, au jardin, dans la rue lorsqu'il faut rappeler à l'ordre son polisson de chien. Faire assimiler son prénom à un chiot est l'enfance de l'art. Il comprend que c'est lui que l'on appelle lorsqu'on lui lance un objet en prononçant son prénom. Enfin pour ne pas lui compliquer la tâche dans son exercice d'assimilation, on évite à tout prix les diminutifs, surnoms et autres sobriquets. Un seul nom, et la leçon sera plus facile à retenir !

À noter que pour un chien de race, tel le bichon maltais, c'est l'année qui détermine la première lettre. En 2009, le chien doit avoir un prénom qui commence par un E : Elvis, Elton, E-mail…

La bonne tenue

Comment votre bichon maltais se comporte-t-il parmi les invités ? D'un coup d'œil, ces derniers le jugent et, mine de rien, jugent aussi le maître. Si votre bichon, si charmant et beau soit-il, fait preuve de mauvaises manières, il ne sera pas apprécié par votre entourage.

Il faut éviter qu'il ne saute sur les gens pour leur souhaiter la bienvenue. C'est un comportement courant : il s'élève sur ses pattes arrière, bondit et rebondit comme une balle à ressort. Cette attitude, qui est normale dans une meute où le chien saute pour saluer les membres dominants, est désagréable pour les humains et ne doit pas être tolérée, même si votre bichon a l'esprit en fête et ne peut cacher sa joie.

De même il n'est pas possible d'accepter qu'il extériorise ses pulsions sexuelles par un harcèlement inadéquat à l'égard des humains ou, fait plus grave encore, qu'il ait envie de dominer son maître.

> S'il flaire les invités

Parfois il veut faire connaissance en flairant les invités. Voilà qui est très désagréable ! C'est ainsi qu'il distingue les gens mal intentionnés, tels les cambrioleurs, des amis ! Doté d'un flair

Le chien au bureau

Lorsqu'on a la possibilité d'emmener son bichon maltais au bureau, il doit être d'une éducation irréprochable. Non seulement bien élevé, mais sage et discret : s'il devient le centre d'intérêt et un sujet de divertissement, son vedettariat ne sera pas forcément considéré d'un bon œil. Cependant quelques minutes de détente, provoquées par la présence d'un joli bichon maltais, peuvent être bénéfiques pour l'entreprise. Un chien, c'est bon pour le moral et... l'énergie !

Attention, danger !

Lorsqu'il n'apprend pas les interdits, le chien est confronté à mille dangers. Il lèche et ronge les plantes d'appartement. Pour peu qu'il ait mâchonné des pois de senteur, du laurier-rose, du rhododendron, du gui, du lierre, il tremble et a des convulsions. Attention également à bien ranger les produits d'entretien (eau de Javel, soude caustique) dans un placard ! Idem pour les produits de jardinage comme les insecticides organochlorés qui sont des poisons mortels.

puissant, il détecte l'acide butyrique contenu dans la sueur, sécrétée par l'homme stressé, prêt à faire un mauvais coup. Enfin si le chien est trop insistant, renifle les jupons des dames, il faut l'en empêcher. S'il n'obéit pas d'emblée, on devra lui donner des leçons de rappel.

Comme un chiot impubère, il s'agrippe parfois aux jambes des convives. Pourquoi ? Au sein de la meute, le chien, qui s'agrippe au corps de l'autre, montre sa dominance, affirme son autorité. Cette attitude n'est pas une pratique de chien bien élevé. En aucun cas, on ne doit le laisser faire, que ce soit avec le maître ou avec les invités.

Le chien se montre-t-il jaloux – ou plutôt frustré – en présence des hôtes ? Cela se produit à la suite d'une contrariété. Il ne semble pas épanoui, fait une crise. Un conseil : il faut faire comprendre aux invités que le chien est susceptible et aimerait aussi avoir des câlins.

> Mordre, un risque permanent

On ne doit pas ignorer que le plus doux des chiens est capable de morsure ! Il suffit qu'il ait peur pour ne plus être capable d'analyser la situation. Sa peur est parfois inexplicable : la sonnette provoque un trouble chez certains chiens. Dans ce cas, une visite chez le vétérinaire est vivement conseillée. Des médicaments atténueront l'anxiété du chien. Une phobie résulte souvent d'une mauvaise expérience !

> Modérer ses aboiements

Il gémit, grogne, jappe ou glapit et aboie. Un conseil : lorsque le chien aboie d'ennui, il faut lui parler. On lui lance la balle, il la rapporte, on joue avec lui. Il oublie alors ses angoisses et cesse d'aboyer pour un oui ou pour un non. Par bonheur, le bichon maltais n'est pas un grand aboyeur. Cela n'empêche qu'il faut savoir interpréter pourquoi le chien aboie.

En deux syllabes, le chien exprime tout ce qui lui passe par la tête. Il est content, la vie est belle, on va se promener. Il exprime sa joie lorsqu'il joue. S'il n'aboyait pas en cherchant le mouchoir, en courant après sa balle, la partie de jeu perdrait de son charme, peut-être n'aurait-on pas le même enthousiasme pour le poursuivre, le rattraper, le rappeler ? Dans cette joyeuse atmosphère, le chien met du cœur à donner de la voix et à émettre des aboiements sonores.

En dehors des moments de jeu, le chien n'aboie pas pour rien. Il signale quelque chose à son maître, l'avertit d'une visite. Si on lui demande de se taire, il ne comprend plus rien. Il croit bien faire en accomplissant sa mission de gardien. S'il arrive que votre chien aboie sans raison à gorge déployée pendant de longs moments et qu'il fasse de la vie des voisins un enfer, c'est que rien ne va plus pour lui.

L'aboiement n'est pas qu'un hymne à la joie. C'est aussi un signal de détresse. En aboyant, le chien dit tout ce qu'il a sur le cœur : son bonheur et ses pleurs. Coup de chance, notre compagnon se laisse deviner plus facilement lorsqu'on le regarde. Toute la vérité s'échappe du langage du corps.

Se faire entendre

Comme tous les chiens, le bichon maltais devient polisson, n'en fait qu'à sa tête. Il faut éviter qu'il ne prenne de mauvaises habitudes. Car en essayant de devenir le centre d'intérêt, il tente d'inverser les rôles et de dominer son maître.

> La récompense

Après chaque leçon comprise et bien enregistrée, le chien doit être récompensé. C'est ce qui lui fait comprendre qu'il a bien agi, que son maître est content de lui, et c'est d'ailleurs ce détail qui fait du chien un heureux et fidèle compagnon.

Attention à ne pas abuser des friandises qui rendent vite le bichon maltais, surtout s'il mène une vie de salonard, rond comme un petit tonneau ! Mieux vaut un mot doux qui le fait frétiller de la queue.

> La punition

Dans l'éducation comme dans toute chose, la médaille a son revers. Il faut aussi savoir être énergique avec son petit compagnon à quatre pattes. Certes, la punition n'est pas une partie

Il donne la patte

Facile à assimiler, le jeu du « donne la patte » pour chiot de 3 mois correspond à un geste naturel et spontané. Au tout début, l'exercice doit être répété trois ou quatre fois par jour. Lorsque le chiot est âgé de quelques mois de plus, on peut lui compliquer la tâche, en pratiquant le changement de patte. Après la gauche, il donne la droite, puis tantôt l'une, tantôt l'autre. Pour la première leçon de « fais le mort », dès 5 mois, on attend que le chiot ait repris son calme, épuisé par une promenade. Tout naturellement, il s'allonge sur le flanc, pattes étendues. On le maintient dans cette position, une main sur le flanc, l'autre qui tient la tête au sol, et on dit « fais le mort », tout en lui faisant mille caresses très appuyées. Le chiot demeure inerte. Quel cabot ! La position pour le jeu de « fais le beau », fesses au sol, dos dressé à la verticale, n'est possible que s'il a le squelette bien formé, c'est-à-dire à partir de 10 mois. La règle est la même que pour donner la patte. La différence est que l'on saisit les deux membres antérieurs. Attention ! L'exercice, plus facile avec des chiots de petite taille, comme le bichon maltais, ne peut excéder 5 à 10 secondes.

de plaisir. Mais elle est aussi nécessaire que les réprimandes de la mère chienne à l'égard de sa progéniture. Il est à noter que la mère punit son petit dans l'immédiateté, et c'est là le secret de son efficacité. Le chiot est un être de l'instant.

Trente secondes après sa bêtise, c'est déjà trop tard pour le gronder ! Il a déjà oublié ses méfaits et ne peut faire le rapprochement entre la réprimande et l'acte. Inutile de crier ! La grosse voix, les gros yeux, le doigt pointé vers lui, un non dit avec sévérité suffisent. Le chiot est parfaitement capable de saisir les nuances. Il sait que cette attitude n'incite pas au câlin. Lorsque le bichon maltais s'apprête à faire une bêtise, mieux vaut faire diversion et détourner l'attention du chien que d'infliger une punition. Même s'il a la tête dure, le chien ne doit jamais être frappé. La main du maître est réservée aux caresses. Les coups infligés l'incitent au contraire à se défendre et à mordre.

L'ALIMENTATION DU BICHON MALTAIS

Bien nourrir le bichon maltais, c'est certes lui garantir une bonne santé, de sa croissance à ses vieux jours, mais c'est également assurer son bien-être, en lui proposant un menu digeste et énergétique, qui lui donne le moral et rend son poil épatant !

Bien le nourrir

Nourriture maison ou alimentation industrielle… Peu importe, pourvu que le bichon maltais ait des repas équilibrés et complets, adaptés à son activité, à son âge !

> L'ALIMENTATION INDUSTRIELLE

Croquettes, nourriture en boîte, soupe floconnée… On a le choix pour nourrir son chien. Comment concilier le côté pratique et les recommandations pour la santé du chien ?

L'alimentation industrielle propose des produits finis à partir de viandes animales, de céréales, etc. Ils font l'objet de recherches très poussées de la part de nutritionnistes vétérinaires. Ces aliments sont élaborés selon les normes fixées par le National Research Council (NRC). Le Code des réglementations et des bonnes pratiques précise la composition des aliments et les objectifs alimentaires. Chaque produit porte une étiquette où figurent les mentions obligatoires. On distingue différentes sortes d'aliments.

> SEC, HUMIDE… LEQUEL CHOISIR ?

Les aliments humides contiennent de 70 à 80 % d'eau. Ils sont constitués de sous-produits d'abattoirs ou de sous-dérivés de la pêche, mélangés à des céréales et des légumes. Ils sont conditionnés en conserves appertisées ou en viandes cuites à conserver au frais.

Les aliments semi-humides, qui comprennent de 30 à 60 % d'eau, se présentent sous forme de saucisses pour chiens, de croquettes molles ou encore de viande hachée. Les aliments cuits sont stabilisés par des conservateurs chimiques (sucre, sel et produits chimiques). Ils se conservent à une température ambiante, jusqu'à ce qu'ils soient ouverts. Ces produits restent minoritaires sur le marché.

Les aliments secs renferment moins de 14 % d'eau. Ils se présentent sous la forme de croquettes, de granulés ou de biscuits. Ils sont constitués d'un mélange de farines de viande ou de poisson, de tourteau et de céréales. Les croquettes sont des aliments extrudés. L'effet

Les compléments alimentaires

Additifs, aliments diététiques, correcteurs minéraux… Autant de compléments que l'on ajoute à la nourriture maison du bichon maltais, pour corriger l'alimentation ou fournir l'apport recherché pour le chien à une période donnée de sa vie.

Les aliments diététiques répondent à un objectif médical précis. Actuellement la pathologie nutritionnelle canine montre, non pas des cas de disette de type carentiel, mais plutôt des affections d'opulence. Or la suralimentation du chien réduit son espérance de vie.

conjugué de la pression dans l'extrudeur et de la température (de 90 à 150 °C), pendant un temps très court (de 20 à 30 secondes), agissant sur le mélange des matières premières, permet d'obtenir après séchage un produit homogène, ensuite enrobé de graisses, selon l'objectif physiologique.

> Comme dans l'alimentation humaine

Tous ces aliments destinés à la gent canine font l'objet de nombreux contrôles qualitatifs (analyse microbiologique, vérification de pureté). On utilise les mêmes techniques que dans l'alimentation humaine. Les pâtes sont préparées à partir de semoule de blé dur, laquelle est triturée sous vide, comprimée puis cuite à la vapeur. Les biscuits sont constitués de farine, passée au pétrin, puis cuite dans un four à la vapeur après découpe. Les céréales sont soumises à la cuisson à la vapeur, à l'écrasement et au séchage, tout comme les céréales destinées à l'alimentation humaine. Pâtes, biscuits et flocons sont mélangés à un aliment d'origine carnée.

L'alimentation industrielle offre nombre d'avantages : les matières premières sont d'excellente qualité nutritionnelle. Ces aliments confèrent à la fois une garantie de salubrité bactériologique et une homogénéité de composition.

On exige de l'aliment pour chien plusieurs critères : l'appétence, la digestibilité, l'efficacité métabolique. Un aliment, dépourvu de qualités de digestibilité, n'offre qu'un rendement énergétique médiocre. Il en résulte un volume de selles plus important, et éventuellement une accumulation de dérivés indésirables dans l'intestin. Cela entraîne la fermentation de certains glucides non digestes qui produit de l'acidité et des gaz intestinaux. À l'inverse, plus la digestibilité est élevée, plus les excréments sont réduits, secs et peu odorants.

> Facile d'emploi

Autres avantages liés à l'aliment industriel : la facilité d'emploi et de conservation, un prix de revient moins élevé (notamment pour les croquettes), la distribution d'une nourriture équilibrée.

Chaque aliment est spécifique. L'aliment humide, de conservation aisée, est présenté dans un emballage durable et s'avère très appétissant. L'inconvénient est que ce produit est onéreux. Enfin, il n'est pas facile à transporter, lourd à stocker, s'altère à l'ouverture, et demande un temps de préparation assez long.

L'aliment semi-humide, fort appétissant, d'un emballage pratique lorsqu'il est en ration

La juste mesure

	Ration par kg	et par repas
	Aliment sec	Aliment humide
Chien de 2 à 4 kg	30 g	90 g

Ration valable pour 3 repas.

La ration quotidienne du bichon maltais

Ration quotidienne	Bichon maltais (de 3 à 4 kg)
Besoins caloriques	260 kcal
Croquettes	90 g
Pâtée en boîte	270 g

journalière, comporte certains inconvénients : il doit nécessairement être conservé au réfrigérateur et s'altère dès l'ouverture. Enfin il peut être une source d'intolérance digestive chez certains chiens.

Quant à l'aliment sec, qui connaît un grand succès, il ne s'abîme pas à l'ouverture et s'impose comme étant le produit le plus économique. À noter qu'il ne se conçoit qu'en présence d'un bol d'eau à proximité. La ration d'eau du bichon maltais équivaut à 50 à 60 ml d'eau par kilo de poids corporel, c'est-à-dire 200 ml.

> L'alimentation ménagère

C'est tout un travail qui exige de la part du maître une grande disponibilité. Il doit consacrer du temps à l'achat des aliments puis à leur

Gare à l'overdose !

Un excès de vitamines et de minéraux entraîne une série d'incidents néfastes pour le chien : boiteries, dysplasies du coude et de la hanche.

Dans le cas d'ostéochondrose ou surproduction osseuse, le chien perd l'appétit, présente une fièvre intermittente.

Le diagnostic est confirmé par une radiographie : on observe des calcifications anormales au niveau du cœur, des vaisseaux, des reins.

dosage et à leur cuisson. Pour faire cuire le riz, par exemple, qui doit être parfaitement digeste, il faut compter de 25 à 30 minutes. Et l'hygiène ? On doit être vigilant sur ce point, tant dans les préparatifs qu'au moment du service. Les résidus attirent mouches et cafards qui sèment des microbes çà et là. Les restes doivent être ôtés, la gamelle bien lavée. Cela évite au bichon maltais d'être contaminé et de souffrir de troubles digestifs.

Fait rassurant, lorsque l'on cuisine pour son chien, l'on n'a guère de soucis quant à la

variété des menus. Tout changement est inutile. Contrairement au chat, le petit chien n'est pas un gastronome. Il se régale toujours du même plat. Ce qui est très pratique. Invariablement, la pâtée maison comprend les mêmes ingrédients répartis selon les mêmes pourcentages.

> Au menu du bichon maltais

En quoi consiste le menu du bichon maltais ? Il comprend de la viande, cuite ou braisée, en bonne quantité (45 %), ou bien du poisson cuit, débarrassé des arêtes : voilà pour les protéines. Ajoutons du riz (23 %), qui doit être très cuit : c'est un aliment riche en amidon et

Immangeable

Les pommes de terre et les fruits qui irritent les intestins doivent être rayés du menu. On proscrit également les os de lapin et de poulet, petits et pointus, qui provoquent des lésions du pharynx ou de l'œsophage chez le chien.

Les principes à retenir

1) Le chien n'a pas besoin de varier son alimentation.

2) Le chien n'est pas végétarien.

3) On ne doit pas ajouter de la viande aux aliments préparés.

4) Le chien ne mange pas comme son maître.

5) Les vitamines ne sont pas confinées dans les légumes.

6) On ne doit pas ajouter de la vitamine D dans l'alimentation du chiot.

énergétique, que l'on peut néanmoins remplacer par des flocons de céréales. Il faut des légumes verts en quantité égale (23 %), tels que des haricots, carottes, poireaux, très riches en vitamines et calcium, pour faciliter la digestion. Petite variante : un œuf cuit, une fois par semaine. Il ne faudra pas oublier le CMV ou complément minéral vitaminé. À noter que la ration du chiot en CMV est deux fois plus importante que pour un chien adulte. Le CMV contient de d'huile de maïs – recommandée pour le foie –, de la levure de bière – pour le poil –, sans oublier le calcium vitaminé (en vente en pharmacie), indispensable pour les os. Le CMV représente 9 % de la ration proposée au bichon maltais, ce qui équivaut à une cuillère à café. Enfin l'eau figure au menu. On sait que le chien est très sensible à la déshydratation. Le bichon maltais doit avoir en permanence une écuelle d'eau fraîche à sa disposition.

L'ENTRETIEN DU BICHON MALTAIS

Le bichon maltais doit en grande partie son charme à son beau pelage, mais sa fourrure de rêve demande un entretien régulier et la toilette, qui concerne également les yeux, les oreilles, les dents, ne saurait être négligée. Pas de beauté sans hygiène qui doit être respectée à la lettre.

Soins réguliers

Irritations et infections sont le siège de maladies, dont l'évolution peut être redoutable. C'est pourquoi l'hygiène est un impératif. Œil net, oreilles propres, dents saines… C'est le B.A.ba de la toilette chez le bichon maltais.

> LES YEUX

Une fois par semaine, il faut ôter les sécrétions qui embarrassent l'œil du bichon maltais. On essuie le pourtour de l'œil, à l'aide d'une gaze imbibée d'eau bouillie et tiède ou de sérum physiologique. Cette solution oculaire supprime les écoulements qui peuvent devenir irritants lorsque les poussières s'incrustent. C'est surtout après avoir couru dans le vent ou à la campagne que le chien est exposé à ces saletés.

Un écoulement qui se poursuit doit être signalé au vétérinaire car il peut révéler une affection grave. Rougeur de l'œil, clignement incessant de la paupière… Si l'on n'y prend garde, un cil mal implanté ou la présence de parasites irritants peut engendrer une maladie douloureuse : la conjonctivite. Cette affection touche la conjonctive, deuxième couche protectrice de l'œil après les paupières…

> LES OREILLES

Chaque semaine, les oreilles du chien doivent être examinées. Cette inspection s'impose chez le bichon maltais aux oreilles très poilues.

Pour assurer une bonne aération du conduit auditif, on doit couper les poils qui tapissent l'entrée du pavillon. En effet, ils se collent aux sécrétions auriculaires et pouvent entraîner la formation d'un bouchon. Quant au cérumen, composé de sécrétions sébacées et de sécrétions sudoripares, il est éliminé tout naturellement chez le chien. Si le pouvoir autonettoyant s'amenuise, le cérumen est produit en quantité anormale. Dans ce cas, il doit être dissous à l'aide d'un produit auriculaire pour chien. Après un léger massage de l'oreille, les saletés se décollent d'elles-mêmes. Un conseil : on doit proscrire le Coton-Tige pour nettoyer les oreilles du chien. Il suffit d'un mouvement brusque de sa part pour que le bâtonnet s'enfonce dans son oreille et provoque une douleur, une irritation, puis une infection.

• Gare à la gale !

L'oreille externe ne doit pas être oubliée lors de la toilette hebdomadaire. À l'aide d'un coton imbibé d'eau tiède bouillie ou d'un liquide auriculaire, on nettoie tous les plis, et on sèche avec du coton.

Une bonne hygiène permet de détecter les affections de l'oreille. Parfois le chien a des sécrétions blanches à l'intérieur de l'oreille qui

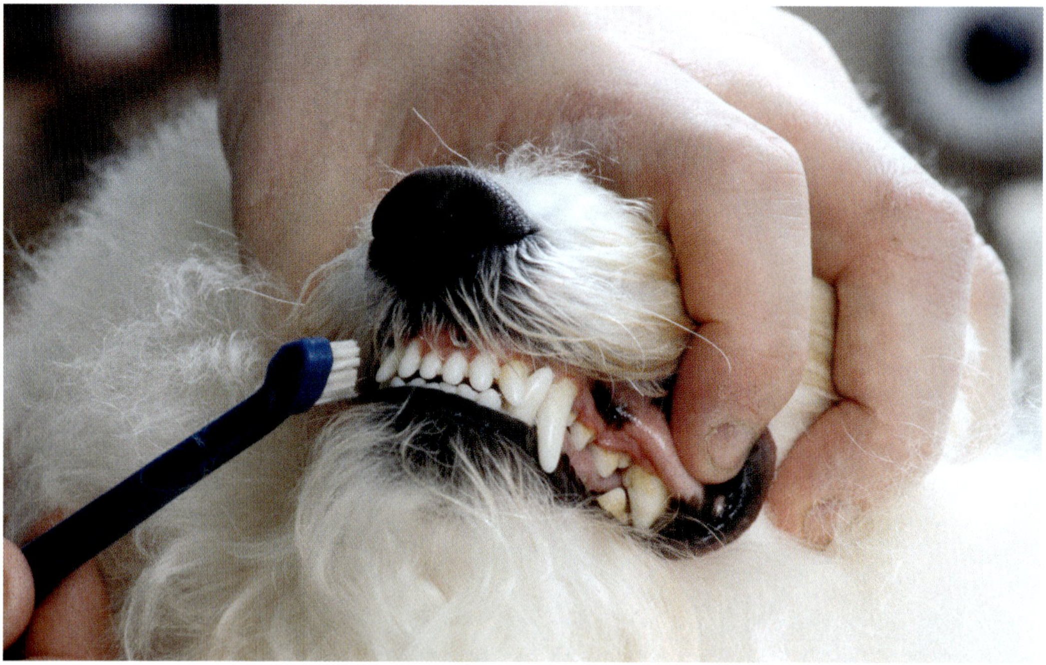

se transforment en prurit. Il gémit, son appétit diminue. En l'absence de soins, il risque de souffrir d'une otite.

Autre maladie située à ce niveau, la gale des oreilles. Elle est due à la présence d'un acarien qui se nourrit de débris cutanés et parasite le conduit auditif. L'animal secoue la tête. Il se gratte l'oreille, alors tapissée d'un cérumen brun noirâtre. Pour éviter cette maladie parasitaire, l'hygiène demeure la meilleure prévention.

> Les dents

Une fois par semaine au moins, on doit examiner et laver les dents de son bichon maltais qui a tendance à avoir du tartre. S'il accepte facilement de se faire manipuler, on lui passe un chiffon humide trempé dans du jus de citron, sur les crocs. On peut aussi utiliser une brosse à dents pour chien et un dentifrice pour chien. Ce produit a l'avantage de présenter un goût appétent pour l'animal.

Le brossage des dents évite la formation du tartre. Ce dépôt disgracieux, qui se situe à la jonction de la gencive et de la dent, provient de la fermentation des déchets alimentaires et cause de nombreux problèmes : déchaussement des dents, lésions de la gencive, gingivite, mauvaise haleine. C'est d'ailleurs ce désagrément qui met la puce à l'oreille du maître : le mal se repère aussi à l'odeur.

• Mauvaise haleine

Une hygiène dentaire non respectée laisse agir le tartre, porte ouverte aux staphylocoques. Cela entraîne une gingivite ou inflammation de la gencive, constituant un sérieux handicap chez le chien. En effet, il a du mal à avaler sa nourriture. De plus, le compagnon que l'on aime cajoler n'a plus le même charme : sa mauvaise haleine n'incite pas aux câlins.

> Les ongles et les coussinets

La toilette des pattes s'effectue après le pelage

et la face du chien. Voici comment on procède :

– On égalise les poils entre les doigts et on ôte les saletés.

– On examine minutieusement les coussinets qui peuvent abriter des bouts de verre, épillets ou encore de petits cailloux. Cela fait souffrir le chien et peut provoquer infections et abcès.

– On coupe les ongles avec une pince guillotine spéciale pour les griffes du chien. On tient le bout de la patte d'une main, puis de l'autre, on sectionne l'ongle à son extrémité en veillant à ne pas couper trop court : on risquerait d'atteindre la veine.

> Les glandes anales

Une fois par mois, la toilette du bichon maltais s'achève par le vidage des glandes anales. Cette opération est peu agréable pour le maître, mais nécessaire pour le bien-être du chien. Lorsqu'il ne peut lui-même expulser le liquide contenu dans les glandes, situées de part et d'autre de l'anus – on le voit se frotter l'arrière-train sur le sol comme s'il était atteint de démangeaisons –, il faut les presser. Cela lui évite des infections.

Prendre soin de la fourrure

> Le brossage

La fourrure du bichon maltais est longue, souple et soyeuse. Elle est aussi très épaisse : le pelage rassemble 400 à 600 poils au cm^2.

La fourrure du bichon maltais nécessite un soin minutieux et quotidien. En effet, le poil est très long sur tout le corps. Sur le tronc, il dépasse en longueur la hauteur au garrot et

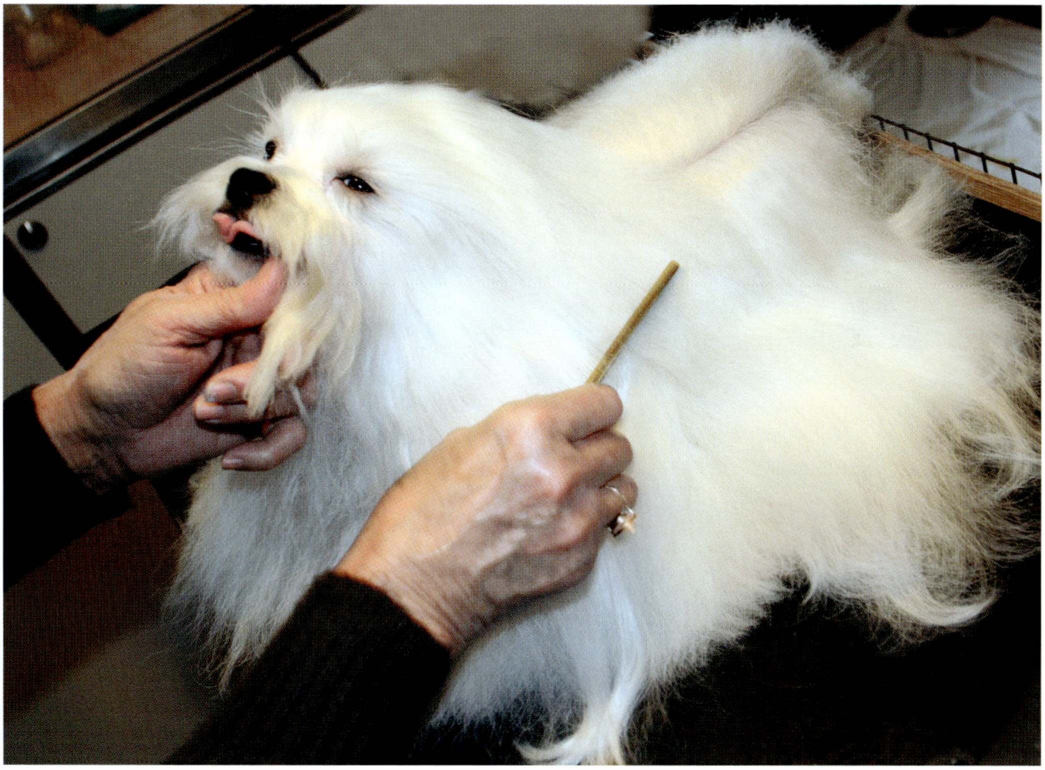

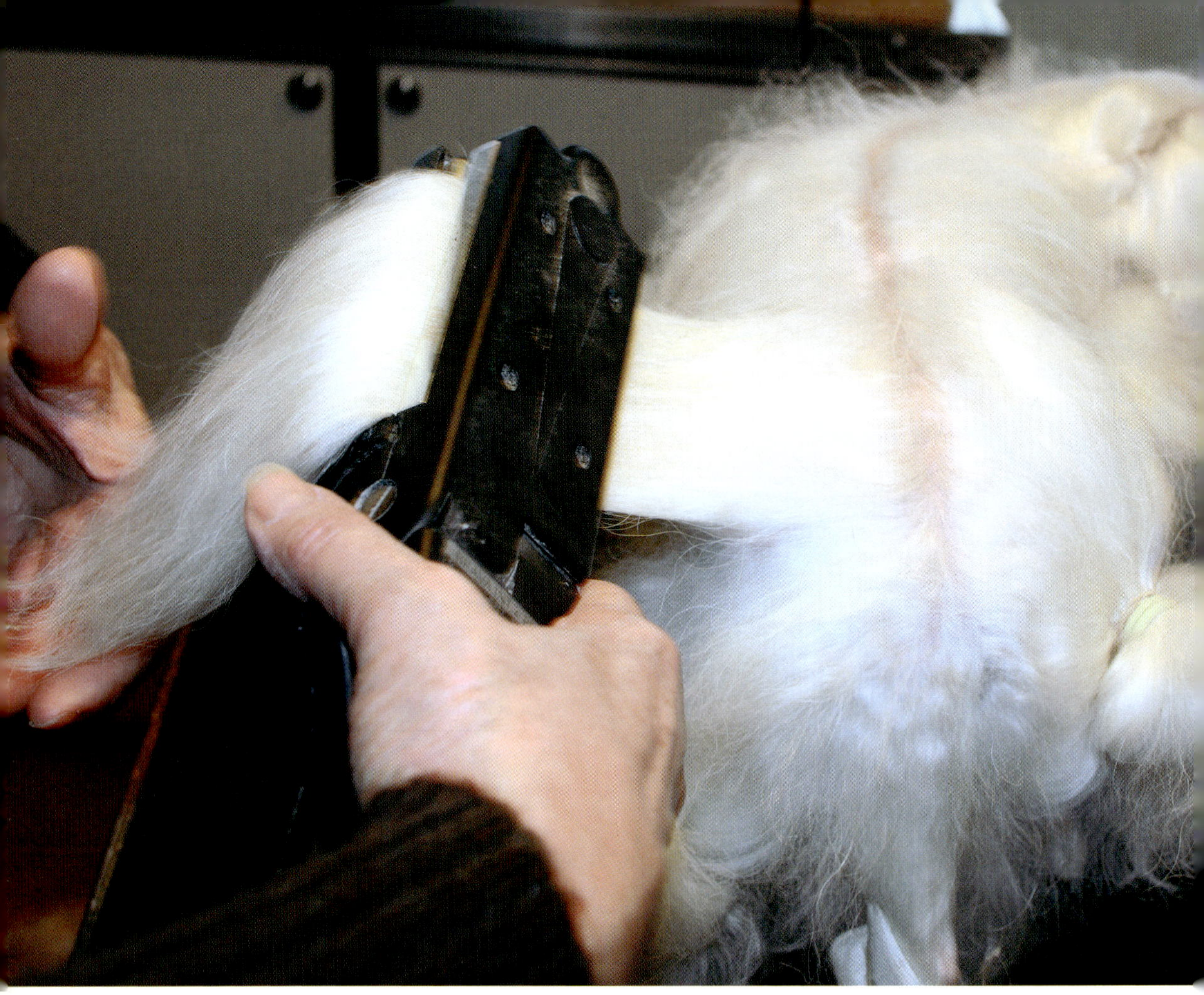

retombe lourdement sur le sol, comme une cape bien posée. On ne trouvera ni flocons ni mèches, ce qui facilite l'entretien, même s'ils peuvent exister sur les membres antérieurs, du grasset au pied. Il n'existe pas de sous-poil chez le bichon maltais.

On prend soin de brosser doucement la tête, dotée d'un très long poil, aussi bien sur le chanfrein où il se confond avec la barbe que sur le crâne d'où il tombe jusqu'à se confondre avec celui des oreilles. On brosse avec douceur la queue, au poil très long, ainsi que le flanc et la cuisse, où le poil est si long qu'il atteint le jarret.

Les ennemis du pelage

Plusieurs facteurs peuvent modifier l'aspect du pelage, parmi lesquels :

– la mue ;

– un état général déficient qui peut être provoqué chez la femelle par un dérèglement hormonal ;

– une alimentation mal équilibrée ou trop riche ;

L'environnement joue également un rôle déterminant. Le milieu malsain est créé par :

– la pollution des villes concentrée à 50 cm du sol ;

– les appartements surchauffés et secs ;

– les moquettes et tapis à base de Nylon.

• Question de volume

On utilise la brosse pour aérer les poils, éliminer les poussières, redonner du volume à la fourrure. Le brossage s'effectue en premier pour éliminer les poussières. On choisit une brosse adéquate, qui n'abîme pas le poil et ne l'arrache pas. On brosse toujours dans le sens de la pousse des poils, du dos vers le ventre et de la tête vers la queue. On insiste sur les nœuds récalcitrants, on défait les catons (poils agglutinés) sans jamais tirer sur les poils (car cela fait souffrir le chien).

• Le démêlage

Puis on utilise le peigne pour le démêlage. On défait tous les nœuds. La séance risque d'être longue et laborieuse si l'on a trop attendu pour la séance de la toilette. Si les dents de l'instrument accrochent sans succès, inutile d'insister ! Mieux vaut avoir recours à une crème ou un spray démêlant. Avec le produit, on enduit la touffe de poils, et, d'emblée, le nœud va s'effacer sous les doigts, laissant une mèche lisse. Il n'y a plus qu'à rincer à l'eau claire et tiède pour supprimer l'aspect gras et huileux. La séance s'achève non sans un léger coup de peigne dans les zones cachées, à l'intérieur du pavillon auriculaire des oreilles, sur la face interne des cuisses…

> Le bain

Un bain assure une parfaite hygiène au chien. Mais l'on ne doit pas utiliser n'importe quel produit. L'hygiène ne se limite pas aux soins du poil. Elle s'étend à la peau du chien qui nécessite des soins précis. L'épiderme est constitué de trois à cinq strates de cellules (contre une vingtaine chez l'homme), ce qui implique des produits adaptés. Attention ! Ceux qui conviennent à l'homme sont beaucoup trop abrasifs pour la peau du chien. D'où la nécessité de respecter le pH cutané du chien. Le chien a un pH cutané compris entre 7 et 7,5 alors que celui de l'homme est plus acide (5,5). Le shampoing doit être conforme aux besoins du chien. C'est la condition *sine qua non* pour maintenir l'équilibre de la flore cutanée (microbes présents naturellement à la surface de la peau). Le bain sert à chasser la saleté et les parasites. Il oxygène la peau et le poil, réduit la tendance à l'emmêlement, évite les démangeaisons.

• Deux shampoings par bain

Deux applications de shampoing sont nécessaires. La première sert à ôter les graisses et la saleté, tandis que la seconde gonfle la fourrure, lui restitue une belle couleur et apporte de l'éclat. On a le choix parmi tout un éventail de shampoings pour chiens : shampoing doux qui confère brillance, fraîcheur et bien-être, shampoing spécialement étudié pour les poils longs, shampooing éclaircissant (très utile pour les chiens à poils blancs comme le bichon maltais), shampoings à l'huile de vison et aux extraits de bois de Panama…

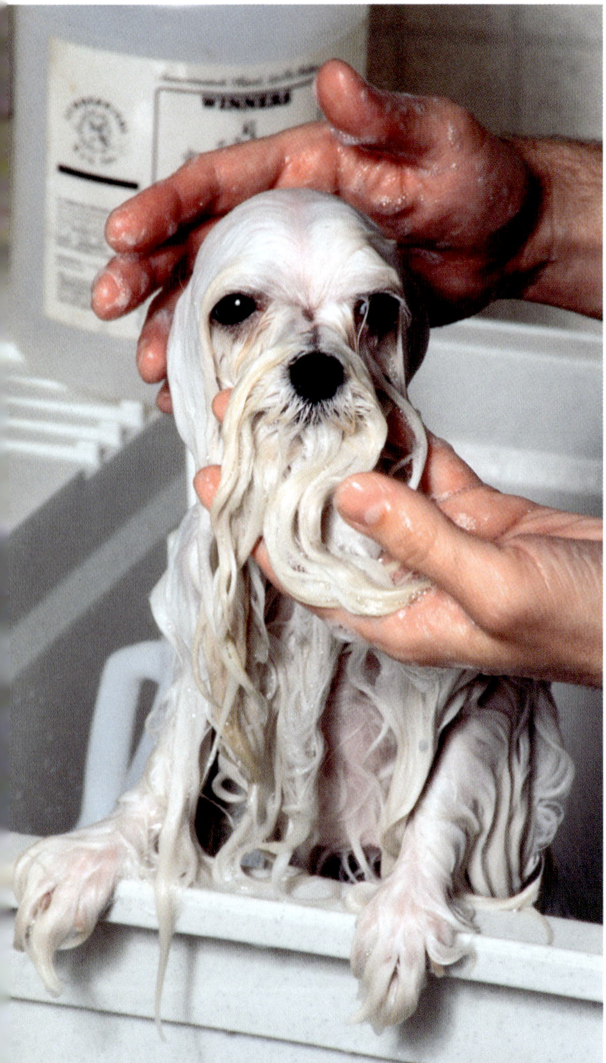

Le rythme des bains est d'un par semaine pour ce petit chien à poil long, souple ou soyeux.

Une fois que le chien est bien rincé, on le sèche à l'aide d'une serviette-éponge. À l'abri des courants d'air, on utilise un séchoir très doux à soufflerie tiède. Pour faire briller le poil, on vaporise une lotion lustrante.

> La mue et les changements

Il s'agit d'un phénomène naturel, susceptible de provoquer un changement dans le pelage du chien. C'est la chute naturelle du poil, suivant un cycle dont la durée varie d'un chien à l'autre et qui inclut le passage de la robe d'hiver à la robe d'été.

Rappelons que la mue est déclenchée par la photopériode (lumière du jour) et non par les variations thermiques. La température influe en revanche sur la densité du poil et sur la vitesse du renouvellement.

Autre élément important pendant la mue, l'alimentation. Pour l'évacuation naturelle des poils, rien de tel que les fibres végétales dans les aliments : elles jouent le rôle de lest. La beauté du poil du bichon maltais dépend de l'apport quotidien de facteurs nutritionnels essentiels. Un tiers des protéines est absorbé par la peau, notamment les protéines riches en acides aminés essentiels (méthionine, cystine) qui contiennent du soufre nécessaire à la construction des poils.

• Vitamines et oligoéléments

Mais pour que le bichon maltais soit paré d'une belle fourrure, saine et brillante, il devra avoir dans son assiette une combinaison judicieuse de vitamines A, B et E ajoutées à des oligoéléments comme le zinc, le sélénium sans

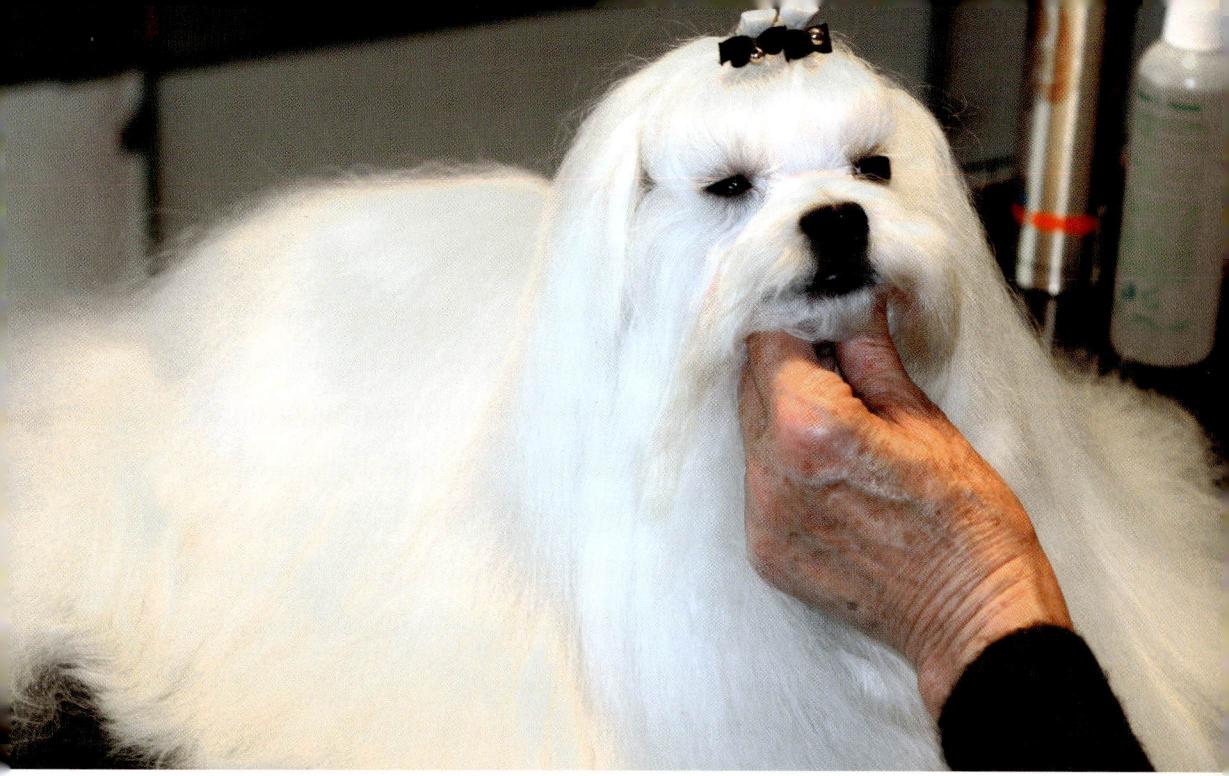

oublier les acides gras essentiels d'origine animale : oméga 3 et oméga 6. Voici les secrets de beauté réservés au bichon maltais.

Acides gras oméga 3 : acides gras essentiels dont les sources naturelles sont presque exclusivement à base de poissons, et dont le rôle est multiple. Ils sont anti-inflammatoires, c'est-à-dire indiqués chez les animaux souffrant d'arthrose, d'insuffisance rénale chronique, de diarrhées inflammatoires ou de maladies de peau. Les oméga 3 améliorent les performances physiques, l'oxygénation cérébrale – ce qui est important chez l'animal âgé – et les capacités d'apprentissage du jeune.

Acides aminés oméga 6 : acides gras essentiels d'origine exclusivement végétale, agissant sur la qualité du poil et sur la santé de la peau.

> Les parasites du pelage

Pendant les promenades, certains parasites s'attaquent aux chiens, dont l'aoûtat en été, sans compter les épis de graminées, tels les épillets appelés « orge à rat ». Comment s'en débarrasser ?

• L'aoûtat

Cet acarien est répandu sur les végétaux. Ce sont ses larves, de couleur orange, dotées de six pattes, qui parasitent le chien en été, notamment en août. Les piqûres de *Trombicula autumnalis* provoquent de violentes démangeaisons sur la tête, le cou, les aisselles, le ventre, les oreilles, les espaces interdigités. Un traitement acaricide permet de traiter la trombiculose.

• L'épillet

Ces petits épis de graminées ont une forme si particulière qu'ils pénètrent dans les cavités tels que le nez, l'oreille, les espaces interdigités. L'extraction de l'épillet doit être pratiquée le plus rapidement possible.

La santé du bichon maltais

Il existe tout un ensemble de maladies, d'origine infectieuse ou parasitaire, qui affectent le bichon maltais, sans compter les allergies, tumeurs, maladies du vieillissement, etc. Mais grâce à la prévention et aux soins dispensés régulièrement, notre compagnon peut prétendre afficher allègrement une bonne santé jusqu'à un âge avancé.

Les maladies infectieuses

D'origine virale ou bactérienne, ces maladies sont contagieuses. Certaines, appelées zoonoses, sont transmissibles à l'homme.

> Les sept plaies

On compte sept maladies qui représentent un véritable danger pour le chien, parmi lesquelles deux sont des zoonoses : la rage, la leptospirose (sans compter les maladies parasitaires comme la maladie de Lyme, la teigne, la gale, l'échinococcose, l'ascaridiose). La rage, en France, a fait sa dernière victime parmi les hommes en 1968. Mais la vigilance est toujours en vigueur. Les méthodes prophylactiques (vaccination des carnivores) s'imposent, tandis que la vaccination orale des renards est toujours très suivie. La méthode, initiée en Suisse et en Allemagne il y a près de quarante ans, consiste à larguer par hélicoptère des boulettes contenant le virus. Une fois vacciné, le renard ne fait plus courir aucun danger aux animaux familiers.

• La rage

Le virus de la rage appelé *Rhabdovirus* se transmet par morsure, griffure ou léchage. Les symptômes apparaissent après une incubation de 15 à 60 jours. Pendant ce temps, le chien change de comportement, bave, a des crises de démence, n'a plus la même voix et devient paralysé. Dès l'âge de 3 mois (en une ou deux injections avec des rappels annuels), le chien doit être protégé contre la rage. Le vaccin contre la rage est obligatoire dans les campings, les centres de vacances et les garderies, lors du passage aux frontières et des concours de chiens.

• La leptospirose

Cette maladie très grave se développe dans les lieux insalubres. Les germes du genre *Leptospira* sont présents dans l'organisme des rats et mulots. Par leurs déjections, les rongeurs contaminent le chiot qui peut également être infesté en léchant l'urine d'un congénère malade ou encore en buvant de l'eau croupie. Le chien a de la fièvre (40 °C). Il est très abattu et souffre d'une gastro-entérite hémorragique et d'une insuffisance rénale aiguë. La forme hépatique rend la peau et les muqueuses toutes jaunes, puis en 4 à 6 jours entraîne le chien vers le coma et la mort. Cette zoonose se transmet à l'homme par léchage ou morsure. Les leptospires pénètrent alors par voie transcutanée, dès qu'il y a une plaie, ou par voie muqueuse, c'est-à-dire par l'œil ou la bouche.

La méthode antitique

Pendant une dizaine de jours, la tique séjourne à la base des oreilles, entre les doigts, sous le ventre du chien. La ponte est considérable, allant de 3 000 à 5 000 œufs ! Puis la larve se transforme en nymphe avant de se reproduire pour transmettre des microbes au chien. La femelle accrochée à son hôte, enfonçant son rostre (pièce buccale) dans la peau de l'animal, est difficile à extraire. Voici la méthode :

1) Attention à ne pas tirer brusquement ! Car la tique peut y laisser sa tête et poursuivre ses dégâts, c'est-à-dire provoquer un abcès ou un kyste.

2) En premier lieu, il faut endormir le parasite en lui appliquant un coton imbibé d'éther pendant 2 à 3 minutes.

3) Puis on le prélève à l'aide d'une pince à épiler.

4) Si l'on craint de rater sa cible, on peut avoir recours au feutre antitique (imprégné d'insecticide) qui, par un simple contact, arrache le parasite.

5) À noter que les produits antitiques (spray, colliers) sont des moyens efficaces pour éviter les maladies.

À l'âge de 3 mois, le chien reçoit son premier vaccin contre la leptospirose encore appelée « typhus du chien ». Le premier rappel est à 4 mois, le second à 16 mois, puis tous les ans.

• La maladie de Carré

Le virus de la maladie de Carré a été découvert au début du siècle par le biologiste nommé Carré. Il touche les Canidés comme le loup et le chacal ainsi que le chien de tout âge. Cette maladie se transmet par simple contact. Après un temps d'incubation de 3 à 7 jours, le virus atteint les voies respiratoires. Il se multiplie dans les amygdales et les bronches, les voies lymphatiques et le sang, puis atteint les tissus et les organes. La maladie de Carré apparaît sous plusieurs formes : pulmonaire, digestive, cutanée, oculaire, nerveuse. Elle se manifeste d'abord par de la fièvre. L'animal a les yeux rouges. Il refuse la nourriture. Il a la diarrhée, il tousse, sa respiration est difficile, le nez coule. Il s'agite et tourne en rond. Même jeune, le chien a l'aspect d'un vieux chien. Il doit être isolé. Un traitement peut être envisagé, mais ne garantit pas l'absence de séquelles qui peuvent prendre la forme des crises d'épilepsie.

La vaccination consiste en une première injection dès l'âge de 2 mois puis une seconde 2 à 3 semaines plus tard, suivie d'un rappel tous les ans ou tous les 2 ans.

• L'hépatite de Rubarth

Due à l'adénovirus canin, l'hépatite de Rubarth se transmet par les urines. Le chien a une très forte fièvre (de 40 à 41 °C). Il présente une inflammation des amygdales, souffre de troubles digestifs et oculaires.

À partir de 8 semaines, puis à un mois d'intervalle (le rappel a lieu tous les ans, puis tous les 2 ans), le chien doit être protégé contre l'hépatite de Rubarth.

La vermifugation dès l'âge tendre

Pour lutter contre les vers, le chien doit être vermifugé dès la première quinzaine d'existence. Le traitement est renouvelé 15 jours plus tard puis un mois plus tard et tous les mois jusqu'à 6 mois. À l'âge adulte, le chiot est vermifugé tous les 6 mois. On prend également la précaution de vermifuger une chienne avant la saillie, 15 jours avant la mise bas, 15 jours après et 5 semaines après, puis tous les 3 ou 6 mois. À noter que le vermifuge est d'utilisation pratique et ne nécessite aucune diète préalable chez l'animal.

• La parvovirose

Souvent mortelle, la parvovirose, provoquée par un *Parvovirus*, est connue en Europe depuis 1979. Bien que les épidémies aient presque disparu, cette gastro-entérite, affection virale du tube digestif, sévit toujours. La contamination se fait par contact direct. Abattu, anorexique, le chiot reste prostré, vomit et souffre d'une diarrhée sanglante.

La toute première injection vaccinale réalisée à 7 ou 8 semaines concerne la parvovirose. Les deux injections ont lieu à un mois d'intervalle et sont suivies d'un rappel, qui a lieu tous les ans ou tous les 2 ans.

Les vers du cœur

Il n'existe pas de moyen de vermifugation contre la maladie des vers du cœur ou dirofilariose. Elle est provoquée par *Dirofilaria immitis*, un ver transmis par un moustique porteur de larves, qui sévit dans toutes les parties du monde. Cette maladie est fréquente dans les régions méditerranéennes : sud de la France et Corse, Italie, Espagne. Le ver, de 15 à 30 cm de long, se localise dans le cœur et l'artère pulmonaire. Infesté, le chiot maigrit, s'essouffle, tousse.

• La toux de chenil

C'est une maladie très contagieuse qui affecte surtout les chiots en collectivité. Le calendrier prévoit une première injection vaccinale à 4 semaines, une seconde 3 semaines plus tard et des rappels annuels.

Les maladies parasitaires

Ces affections sont provoquées par les parasites externes comme les tiques ou les puces et les parasites internes que sont les vers.

> Les parasites externes

• Les tiques

Le chien est agressé par deux espèces de tiques : *Rhipicephalus sanguineus,* la tique domestique, qui se trouve dans les niches et les greniers, et *Dermacentor reticulatus,* la tique sauvage, répandue dans les plaines et en bordure de lacs. La tique, qui mesure 0,5 cm de long avant le repas et 2 cm une fois repue, parasite le chien en prélevant son sang. Elle est le vecteur de plusieurs maladies.

Due à la tique *Rhipicephalus sanguineus,* **l'ehrlichiose** est diagnostiquée essentiellement entre le mois de mai et octobre, notamment dans les régions méditerranéennes. Après une durée d'incubation de 10 jours, le sang du chien est infesté. Une antibiothérapie de plusieurs semaines s'impose.

Souvent les tiques s'associent à d'autres parasites, provoquant des maladies graves chez le chien. **La maladie de Lyme** ou borréliose est engendrée par la tique *Ixodes ricinus,*

en association avec la bactérie *Borrelia burgdorferi*. Le chien perd l'appétit, souffre de douleurs articulaires et musculaires. Son état est fiévreux. Cette zoonose peut être évitée par une administration régulière de produits antiparasitaires.

La piroplasmose est transmise par un couple de tiques associé au protozoaire *Babesia canis*. Impuissant, le chien est abattu. Sa fièvre atteint plus de 40 °C. Ses urines sont brunâtres. Il est anémié. En l'absence de soins, sa peau et ses muqueuses prennent une couleur jaune (ictère). Bientôt il souffre d'insuffisance rénale et hépatique.

La vaccination constitue le moyen de prévention idéal. La vaccination se fait en deux injections à 3 ou 4 semaines d'intervalle dès l'âge de 3 mois avant le printemps et l'automne. Un collier antiparasitaire augmente l'efficacité vaccinale.

• Les puces et les poux

Autre parasite, la puce. Celle qui s'attaque au chien n'est autre que la puce du chat *Ctenocephalides felis*. De couleur brun-rouge, le corps allongé et aplati, elle mesure 2 à 3 mm de long. Le chien énervé se gratte jusqu'au sang notam-

Le traîneau

Si le bichon maltais se déplace en se frottant le derrière sur le sol, d'où l'expression « faire le traîneau », il faut le vermifuger. Il peut avoir des vers sans avoir été contaminé à l'extérieur.

ment lorsqu'il est atteint de dermatose allergique aux piqûres de puces, dite DAPP. Cette affection est engendrée par la salive de la puce. L'animal se lèche. Sa peau suinte, il se mord. Son poil se raréfie, se casse sur le ventre, le dos, l'extrémité des pattes. Eczéma, lésions, infections microbiennes sont à prévoir.

Autre délit commis par les puces l'ingestion des œufs de *Dipylidium caninum,* lorsqu'elles sont à l'état de larve. C'est la voie toute tracée pour transmettre le ténia.

La phtiriose ou infestation par les poux est fréquente chez les chiens qui vivent à la campagne. Pour se débarrasser de ces parasites – ils n'infestent pas l'homme –, on applique le même traitement insecticide que pour les puces.

Comme la teigne, **la gale** est une zoonose, c'est-à-dire une maladie transmissible. En effet, elle est très contagieuse. Elle est transmise par l'acarien *Sarcoptes scabiei.* Ce dernier, de forme ovale, doté de quatre pattes courtes, mesure entre 0,2 et 0,4 micromètre. Ce sont les œufs déposés dans l'épiderme qui provoquent des démangeaisons. Fort incommodé, le chien ne cesse de se gratter. Ses démangeaisons vont crescendo. Si l'homme est touché, il présente une éruption papulocroûteuse (boutons de gale) très prurigineuse.

Aussi doit-on éviter la contamination en prenant soin d'isoler le chien malade. Il doit être lavé à l'aide d'une lotion acaricide,

Le véto, illico presto

Dès que le chien laisse apparaître une masse anormale au niveau des testicules, de la mamelle, de la peau, de la bouche, il faut l'emmener d'emblée en consultation.

puis d'un shampooing antiséborrhéique et calmant. Le traitement doit être renouvelé plusieurs fois pendant 3 à 4 semaines et appliqué à toute la maisonnée.

La teigne, très contagieuse pour l'homme, est transmise par le champignon, *Microsporum canis.* Il s'attaque à la base des poils et provoque des lésions rondes, sans poil, rouges. Cette maladie nécessite un traitement antifongique valable pour tous les membres de la maisonnée.

> Des traitements adéquats

Contre ces parasites qui ne cessent d'importuner leur hôte qui encourt de graves maladies, on dispose de tout un arsenal antiparasitaire. Colliers, shampooings, sprays… Un traitement adéquat est nécessaire pour chaque famille de parasite. Car tous n'ont pas le même mode d'action.

Un produit antipuces doit être administré quatre fois par an, non seulement sur l'animal mais sur l'environnement : tapis, couchettes, moquettes et parquets.

> Les parasites internes : les vers

On rencontre différentes espèces de vers, dont l'apparence diffère autant que le mode d'action. Plats, ronds ou longs, les vers envahissent le chien dès la naissance. Présents dans l'intestin, ils provoquent troubles digestifs et maladies.

Le ténia qui donne une faim de loup. Parmi les cestodes, longs et plats, figure *Dipylidium caninum,* qui mesurent entre 20 et 80 cm de long. Constitué de nombreux anneaux, il a une tête pourvue de crochets et de ventouses qui adhèrent à la paroi intestinale. Lorsque les anneaux, semblables à des grains de riz, s'agglutinent près de l'anus, les œufs sont expulsés avec les selles. Le cycle de développement de ce cestode implique le passage à l'hôte intermédiaire (la puce). Lorsque le chien se gratte et avale une puce, il ingère le ténia. Peu après, il ressent des troubles digestifs. Ses selles sont molles, il est constipé et se lèche l'arrière-train. Il maigrit. Pourtant il a une faim de loup, mais c'est le ver qui absorbe toute la nourriture.

Le ténia qui transmet l'échinococcose. Il existe un autre ténia, plus petit, qui transmet l'échinococcose. Ce parasite loge dans l'intestin grêle du chien et rejette ses œufs à l'extérieur.

Si cette maladie provoque un trouble presque insignifiant chez le Canidé, les risques sont réels pour le maître. Ce dernier peut être contaminé de deux façons : en caressant son chien ou en mangeant des fruits sauvages – myrtilles, framboises ou mûres – souillés par les excréments de rongeurs. Les larves de ce ténia migrent jusqu'au foie, forment des kystes qui déclenchent des troubles sérieux. Puis le kyste hépatique évolue comme un véritable cancer. Des espèces de métastases se forment dans différents organes.

Le nématode et la diarrhée chronique. Le chien en groupe peut être touché par un nématode ou ver rond nommé *Trichuris vulpis.* De couleur blanchâtre, il mesure 4 à 7 cm de long. Il s'enfonce dans les parois du gros intestin et du caecum. La larve réside dans le tube digestif. À 2 ou 3 mois, elle est adulte. Le chien s'infeste en absorbant les œufs évacués avec les selles. Il est atteint de diarrhée chronique, souvent sanguinolente, qui signale la présence de ce ver chez le chien.

Le ver qui donne l'anémie. Autre nématode, *Ankylostoma caninum*, de 1 cm de longueur. Son extrémité buccale est pourvue de crochets. Une fois les œufs évacués dans les selles, la larve pénètre par voie buccale ou cutanée. Elle se disperse par voie sanguine et atteint le poumon du chien. Les ankylostomes provoquent une diarrhée foncée, puis une anémie.

Le ver de la naissance. Le chiot nouveau-né est attaqué par des vers ronds, tout blancs ou tout roses, longs de 10 cm. L'infestation se fait par le colostrum et par le lait maternel. Ces vers pondent des quantités d'œufs : on compte 5 000 à 15 000 œufs par gramme d'excrément ! Sa larve migre dans les viscères et les organes, en entraînant des troubles digestifs. Le ver peut migrer jusqu'au cerveau, provoquer des lésions du foie. **L'ascaridiose** nécessite une grande vigilance car elle est transmise à l'homme, notamment aux enfants. La contamination est importante dans les bacs à sable.

À quoi sert la vaccination ?

Le chien n'aurait aucune chance de survie s'il n'était vacciné contre certaines maladies graves et mortelles. Pire, dans certains cas, il entraînerait l'homme dans le sillage de la mort !

> Respecter le protocole

Le protocole de vaccination n'est autre que le calendrier des vaccins. Il est conçu en fonction de la nature des vaccins et varie selon l'individu et l'appréciation du vétérinaire. En principe, dès son tout jeune âge, à partir de la 7e semaine, le chien peut être vacciné. Cette intervention déclenche l'immunité.

En quoi consiste cet acte médical ? La vaccination est une prophylaxie établie selon le processus suivant : un microbe est introduit dans le vaccin, ce qui active le développement des anticorps (éléments de défense) dans l'organisme. Voici donc le chien vacciné protégé contre les virus et les bactéries. Il bénéficie de l'immunité ou « état de résistance », à condition néanmoins que le protocole soit respecté. En effet, un vaccin sans rappel perd de son efficacité.

La vaccination comprend la primovaccination (une première injection suivie d'une seconde à 3 semaines ou un mois d'intervalle) et les rappels qui ont lieu un an plus tard.

À noter l'intérêt des vaccins associés qui permettent de protéger son chien contre trois ou quatre maladies en une seule injection. Ceci est avantageux du point de vue financier et doit convaincre le maître de faire vacciner son animal.

> Ne pas oublier le rappel

La durée de protection est d'un an après l'injection. Le chien peut croiser un congénère malade, il est toujours protégé par son armure. Mais passé le délai, l'efficacité du vaccin s'anéantit. De même le rappel, qui consiste en une autre injection, assure une protection permanente pour autant que la date est impérativement respectée. Il appartient au maître de se reporter au carnet de vaccination où figure la date du prochain rappel.

Les tumeurs et les cancers

De longues rémissions et une vie acceptable sont aujourd'hui possibles pour le chien atteint de tumeurs bénignes et cancers.

> Tumeurs mammaires

On distingue différentes sortes de tumeurs. Les tumeurs mammaires, qui représentent entre 25 et 50 % des tumeurs, apparaissent chez les chiennes à partir de 8 ans ; 50 % de ces tumeurs sont malignes. En aucun cas, on ne doit laisser évoluer cette grosseur qui peut gagner le poumon. L'absence de métastases est constatée d'après une radiographie pulmonaire. L'ablation chirurgicale est souvent le seul moyen de traitement. Le risque tumoral peut être évité chez la chienne si l'on pratique l'ovariectomie (ablation des ovaires) lorsqu'elle a moins de 2 ans.

> Tumeurs des testicules

Les tumeurs des testicules atteignent généralement les chiens de plus de 7 ans. Le diagnostic est simple lorsque l'on observe une grosseur à cet endroit, mais ne peut être que tardif lorsque le testicule tumoral demeure dans l'abdomen.

> Le cancer

Le cancer se développe lorsque les mécanismes de défense de l'organisme sont incapables de bloquer la multiplication anarchique des cellules. Amaigrissement, toux, hémorragies, boiteries, troubles digestifs sont les premiers symptômes.

Pour apprécier le pronostic d'un cancer, on se fie à la rapidité d'évolution (plus la tumeur grossit rapidement, plus le pronostic est mauvais, plus la tumeur est grosse, plus on est pessimiste) ; enfin l'existence de métastases rend la situation préoccupante.

Un délai d'observation de 2 ans s'impose avant de déclarer la guérison d'un cancer.

L'importance du dépistage

On distingue les tumeurs bénignes à croissance lente, sans récidive, des tumeurs malignes, encore appelées cancers à croissance rapide, qui donnent des métastases. La rapidité du dépistage peut se conclure par la réussite du traitement. Une tumeur a l'aspect d'une masse tissulaire qui augmente constamment de volume. Lorsqu'elle est bénigne, elle est bien délimitée et, une fois enlevée chirurgicalement, ne laisse pas de trace. La tumeur maligne est disséminée, infiltrante, adhérente. Le diagnostic n'est possible qu'à la suite d'une biopsie (étude de la cellule) et un examen histolo-

Un diagnostic puissant

Les cancers du chien peuvent être détectés au Centre de radiothérapie scanner, ouvert en 1989 dans les bâtiments de l'École nationale vétérinaire d'Alfort. Ce centre, reconnu comme étant le plus performant d'Europe, est équipé d'une bombe au cobalt et d'un scanner. Cet équipement ultramoderne offre plusieurs possibilités :

1) Établir un diagnostic des tumeurs profondes du thorax ainsi que du pancréas et des cavités nasales du chien.

2) La cancérologie implique un service de recherche très important.

3) Le matériel thérapeutique est aussi perfectionné qu'en médecine humaine : il comprend des soins post-opératoires chimiothérapeutiques et radiothérapiques.

4) La chimiothérapie (utilisation de substances injectées par voie intraveineuse afin qu'elles détruisent les cellules cancéreuses) est d'utilisation ordinaire.

5) La bombe au cobalt est d'usage courant.

6) L'implantation post-opératoire d'un fil d'iridium sur le siège de la tumeur que l'on vient d'enlever – les cellules cancéreuses sont détruites grâce à la radioactivité de ce métal – est utilisée dans le cas d'une tumeur très fréquente chez le chien, le fibrosarcome.

Centre de radiothérapie vétérinaire, 7 avenue du Général-de-Gaulle, 94704 Maisons-Alfort, tél. : 01 43 68 07 31.

gique (composition de la cellule), etc. La chirurgie demeure le moyen le plus radical de mettre fin au développement de ces tumeurs mais, en présence de métastases, les moyens utilisés en médecine humaine sont déployés pour le chien.

Les allergies

L'organisme de certains chiens réagit vivement aux allergènes contenus dans les médicaments, les aliments, les parasites. Avant tout traitement, il convient d'identifier le coupable.

> Démangeaisons

De nombreuses formes d'allergies peuvent affecter le chien : allergie de contact, par piqûre, allergie respiratoire, alimentaire, médicamenteuse… L'expression clinique va des démangeaisons et éruptions cutanées à la conjonctivite, la rhinite, la toux, la diarrhée. Les symptômes apparaissent rapidement. Il suffit de quelques minutes après le contact avec l'allergène pour que se manifestent les différents symptômes.

Les allergies cutanées se révèlent chez le chien préalablement sensibilisé. L'allergène pénètre dans l'organisme par quatre voies :

l'inhalation (cela peut provoquer une atopie urticaire), l'ingestion (entraînant une allergie alimentaire, médicamenteuse, urticaire), la voie percutanée (qui provoque une allergie de contact) ou la voie parentérale – voie d'introduction autre que la voie digestive –, ce qui engendre des dermatites par allergie aux piqûres de puces.

> Hypersensibilité

Cette affection, couramment appelée DAPP, est provoquée par la présence de puces dans le pelage. Une simple piqûre déclenche immédiatement chez le chien une hypersensibilité à la salive de l'insecte. Les régions du cou, dorsolombaire, abdominale et inguinale (la queue), la queue sont touchées. Les symptômes montrent un prurit intense, continu, puis font apparaître un érythème diffus (la peau est congestionnée). Des croûtes, une exsudation cutanée, une dépilation s'ajoutent sur une étendue plus ou moins importante. La DAPP se manifeste soit sous une forme aiguë liée à la saison, soit sous la forme chronique et s'étale sur plusieurs mois d'évolution. Dans ce cas, elle se caractérise par une peau de plus en plus épaisse et plissée avec diminution du prurit. Le traitement implique la suppression des puces.

> Dermatite de contact

La dermatite de contact correspond à une réaction inflammatoire dès que la peau est en contact direct avec une substance irritante (savon, détergent, insecticides, acides, goudron, essence) ou allergisante. Par exemple les végétaux, la laine, les tapis synthétiques, le caoutchouc, le plastique, le collier insecticide, les couvertures peuvent provoquer une dermite sur les régions de contact. Au départ, on observe un érythème avec des lésions cutanées et un prurit. Il convient alors de rechercher la substance qui provoque ces réactions chez le chien afin de la supprimer.

Les affections fréquentes chez le bichon maltais

Chaque race a ses sensibilités aux maladies. Chez le bichon maltais, on peut observer la fréquence des otites favorisées par ses oreilles tombantes et garnies de poils. Ce trait physique ne permet pas une bonne aération des conduits. Le cérumen s'écoule mal et cela favorise la propension à l'infection. C'est pour la même raison que le bichon maltais risque d'être blessé par les épis de graminées. Ils s'accrochent aux franges des oreilles lors des promenades dans les sous-bois, notamment au printemps et en été.

On note également des allergies cutanées chez ce petit chien à poil épais. Les yeux fragiles, à cause des longs poils qui traînent sur la cornée, les dents qui peuvent être entartrées, le bichon maltais n'est pas non plus à l'abri de maladies héréditaires, notamment la nécrose aseptique de la tête du fémur. Lorsque cette maladie est très prononcée, une intervention chirurgicale est nécessaire.

Les maladies du 3e âge

Passé 8 ans, le chien, moins agile, souffrant d'arthrose ou encore de problèmes cardio-vasculaires, est sujet au vieillissement cérébral. On peut l'aider à bien vieillir.

> Une bonne longévité

Les chiens de petite race, comme le bichon maltais, vivent en moyenne jusqu'à 15-16 ans et entrent dans leur troisième âge à 10 ans. Ce qui est très appréciable, sachant que les races géantes dépassent rarement les dix ans, et que leur vieillesse débute vers 5 ou 6 ans.

On ne peut nier les effets bénéfiques de la médecine vétérinaire ces derniers temps. C'est grâce à la gérontologie, science qui étudie le phénomène de vieillissement, que non seulement la longévité du chien est augmentée, mais que son confort est optimal. La population canine vieillit au même titre que le genre humain. 41 % des chiens ont plus de 8 ans. Et pourtant environ 50 % de ces chiens voient le vétérinaire moins d'une fois par an.

> Alzheimer et autres

Sa fonction cognitive est en baisse. En clair, il semble souvent « à côté de la plaque ». On le sent moins attentif et ses actes sont souvent inexpliqués. C'est la diminution de la fonction cognitive. Il est désorienté. Que dire de la présence d'Alzheimer chez le chien ? Elle existe puisque le chien oublie son nom !

Deuxième indice du vieillissement cérébral, l'animal communique moins. Il reste de marbre auprès de l'enfant qui le câline, ne saute plus au cou de son maître, n'aboie plus lors des retrouvailles. Troisième élément qui met la puce à l'oreille : son rythme de sommeil est perturbé. Il dort plus le jour que la nuit et ses errances nocturnes, d'une pièce à l'autre, empêchent tout le monde de fermer l'œil.

Enfin, le quatrième point révélateur du vieillissement cérébral saute aux yeux. Le chien ne sait plus être propre. Les récentes recherches effectuées sur le vieillissement cérébral du chien montrent trois catégories d'individus : les chiens qui vieillissent bien, ceux qui

Vivre avec le chien âgé

Voici les 7 règles d'or pour préserver sa santé et son moral :

1) Les sorties sont plus courtes, mais nécessaires : le chien a besoin de s'aérer, faire fonctionner ses muscles pour ne pas s'ankyloser.

2) Par mesure de précaution, on doit lui mettre un manteau l'hiver. En vieillissant, il est frileux.

3) À la maison, on lui propose une corbeille confortable, tapissée d'une épaisse couche de vieux pulls. Cela atténue la douleur de ses rhumatismes.

4) Il a besoin de dormir davantage.

5) La routine est son dada.

6) L'été, on doit le mettre à l'abri du soleil car il craint les coups de chaleur, et les risques de déshydratation sont réels.

7) Pendant la période des vacances, il faut lui épargner les longs trajets qui l'épuisent et accélèrent son rythme cardiaque.

perdent leurs capacités, ceux qui souffrent de déséquilibres neurologiques graves. Notons qu'un nouvel aliment permet de retarder le vieillissement cérébral.

> Modifications, dégradations

À l'inverse de l'homme, l'aspect physique du chien vieillissant ne se modifie pas de façon trop visible. Mais au niveau du comportement, les transformations sont indéniables. Le chien d'un certain âge est moins actif, voire léthargique. Il dort longtemps, joue moins et ne vient plus se promener de bon cœur. Il est guetté par la dépression. Il perd tout contrôle, urine sous lui. Progressivement il se détache de son entourage.

La dégradation physique commence par la dépilation à certains endroits du corps (les jarrets) et l'apparition de quelques poils blancs épars. Sa peau est ponctuée de kystes et verrues. Des tumeurs cutanées émergent. La vision faiblit, les troubles oculaires s'intensifient. La cataracte ou opacification du cristallin ne laisse plus grande perspective de vue. C'est grâce à ses autres sens que le chien demeure parfaitement capable de continuer à vivre. Ses dents s'entartrent. Parmi les 95 % de chiens qui souffrent de problèmes dentaires, le vieux chien est en première ligne. Le détartrage s'impose de façon régulière pour lui éviter le déchaussement et la chute des dents.

> Traitements efficaces

Chez le vieux chien, les troubles les plus fréquents sont d'origine rénale. Le rein vieillit et ne remplit plus sa fonction qui consiste à détoxiquer l'organisme. Toujours assoiffé, il ne cesse de s'abreuver puis s'oublie sur les tapis. D'où la nécessité d'un régime alimentaire adéquat. Car toute erreur alimentaire peut accélérer le vieillissement du chien. On peut opter pour l'aliment diététique, prescrit par le vétérinaire, qui a l'avantage d'être précisément dosé et bien adapté aux besoins du vieux chien.

Certes la meilleure thérapie ne redonnera pas la jeunesse au chien d'un certain âge. Mais, il existe actuellement des traitements efficaces pour lui assurer une longévité maximale, et ce dans les meilleures conditions. Il y gagne en résistance et en tonus.

> La bête noire

La bête noire du vieux chien, c'est le souffle cardiaque. Cela correspond à un dysfonctionnement d'une valvule du cœur. Cette affection est le signe de lésions du cœur, qui entraînent une fatigue à l'effort, des halètements, de la toux et, plus grave, un œdème pulmonaire. La toux chronique du chien âgé doit être diagnostiquée après une radiographie du thorax. Cela permet de déterminer si cette toux est cardiaque ou pulmonaire.

Lorsque le chien souffre d'une maladie incurable, les tentatives de soins restent vaines. L'euthanasie pratiquée par le vétérinaire a pour but de libérer votre compagnon de douleurs insupportables. Un conseil : on doit emmener son vieux chien chez le vétérinaire deux fois par an afin que les maladies liées à l'âge soient diagnostiquées et soignées à temps.

Une vie de chien

À 6 mois, le chien aurait dix ans et demi s'il était un homme, 25 ans à deux ans, et à l'âge de dix ans, ce serait déjà un retraité.

Chien	Homme	Chien	Homme
6 mois	10 ans ½	4 ans	32 ans
7 mois	11 ans ½	5 ans	37 ans
8 mois	12 ans ½	6 ans	40 ans
9 mois	13 ans ½	7 ans	44 ans
10 mois	14 ans ½	8 ans	47 ans
11 mois	15 ans	9 ans	52 ans
12 ans	15 ans ½	10 ans	55 ans
14 mois	16 ans	15 ans	77 ans
16 mois	18 ans	16 ans	80 ans
18 mois	20 ans	17 ans	85 ans
2 ans	25 ans	18 ans	88 ans
3 ans	29 ans		

S'occuper de son bichon maltais

Dans la maison ou à l'extérieur, le chien trouve toujours un prétexte pour nous entraîner dans ses jeux. C'est non seulement un plaisir de participer aux activités de son bichon maltais, mais cela renforce l'amitié entre maître et chien.

Entrer dans son jeu

Joie de vivre, énergie à revendre, comportements instinctifs, toutes les raisons sont bonnes pour le jeu. Pour convaincre son maître, le bichon maltais emploie tous les secrets de la séduction. Lèvres étirées à l'horizontale, mâchoires légèrement écartées… il sourit jusqu'aux oreilles. C'est ce qu'on appelle la mimique du rire « On joue », semble-t-il dire.

Et si l'on reste de marbre, le petit malin a un truc : pousser notre main du nez. Il tient cette manie depuis son plus jeune âge, alors qu'il enfouissait son museau dans la mamelle de sa mère, animé par une folle envie de téter. Puis l'insolent nous pousse de la patte.

Nouvelle invention à son actif : l'offrande. Ce peut être une balle, un chausson. Bien serré entre ses pattes de devant, le cadeau est déposé aux pieds du maître. « Je te le donne si tu viens jouer avec moi. » Et si réellement on a un cœur de pierre, lui, le chien, a la tête dure. Son invitation au jeu se transforme en ballet : il caracole, se contorsionne, court, saute, bondit. Que la fête commence !

Il suffit de cacher la balle sous le canapé, sous le buffet, vite, il la retrouve, nous la rapporte. Il a la queue qui frétille, jappe comme pour crier « eurêka ». Si le chien ne se lasse pas de ce petit jeu de cachette, le maître passe volontiers à autre chose. Lorsqu'il vente ou qu'il neige, il faut savoir inventer les jeux d'intérieur.

> Les jeux éducatifs

On peut aborder les jeux éducatifs comme, « donne la patte », un exercice facile à assimiler, même pour un tout jeune chiot. Cela correspond à un geste naturel et spontané. On saisit l'occasion au moment où le petit coquin, voulant attirer l'attention sur lui, s'assied aux pieds de son maître et lève la patte avant de lui administrer une pichenette sur la jambe. On lui dit « donne la patte » et on la tient.

Jouer à « fais le mort » nécessite que le chien soit allongé sur le flanc, pattes étendues, par exemple au retour d'une promenade. On le maintient dans cette position, une main sur le flanc, l'autre qui tient la tête au sol, et l'on dit « fais le mort », tout en lui donnant mille caresses très appuyées… il est inerte. Quel cabot ! Une vraie vedette de cinéma ! Il ne s'agit pas d'oublier son pourboire en fin de séance, c'est-à-dire la récompense.

Il est possible de lui apprendre à faire le beau, mais pas avant l'âge de 10 mois. La règle est la même que pour donner la patte. La différence est que l'on saisit les deux membres antérieurs. D'une main, on soutient ses reins, de l'autre on soulève l'arrière-train. La classe !

> Les jeux de plein air

Pour les jeux de plein air, il y a également tout un programme. À commencer par le jeu de la balle. Ce jeu est excellent pour s'entraîner à la

Les bêtises en vrac

Un accident est vite arrivé dans la maison ou au jardin. Le chien, qui a la manie de tout mettre à la bouche, est capable d'avaler gommes ou pin's. Même sa balle de caoutchouc fait l'affaire. Cet aventurier ne craint pas les pires bêtises : s'engouffrer dans un sac en plastique où il peut s'asphyxier, s'enfuir par la porte entrouverte… Il faut donc rester attentif.

course, développer les muscles. Néanmoins, point trop n'en faut ! Attention à ne pas focaliser l'attention du chien sur la balle exclusivement ! Car il se précipiterait sur tous les ballons et balles des plages et des terrains de jeux, ce qui rendrait les estivants mécontents !

On peut opter encore pour le jeu du bâton, vieux comme le monde et indémodable. On projette un bout de bois, le chien le rattrape au vol et joue les majorettes. Pour peu qu'on l'ap-

Le chien civilisé

À l'extérieur, le chien doit se comporter comme un chien civilisé. Son collier symbolise la subordination envers son maître. Cela favorise son intégration dans la société. Couleur fluo ou pastel, en coton fleuri ou en strass, assorti au sac de sa maîtresse… le collier de chien, c'est tout un style.

plaudisse, la magie opère, il se laisse guider, redemande le bâton.

Le jeu de piste ? On lui fait renifler un mouchoir imprégné de notre odeur. On se cache. Avec son flair exacerbé, le chien a toutes les chances de nous débusquer sans peine. C'est pour lui un jeu d'enfant !

L'emmener en promenade

En ville, ou bien dans les bois et les champs, le chien assouvit ses envies de liberté, de découverte, mais il doit sortir en laisse.

Se cacher sous les feuillages, flairer la terre, courir après une musaraigne sont des distractions de grande importance pour le chien. L'exercice physique lui est indispensable pour développer sa musculature. Si le jardin est suffisant pour un tout petit chien, il peut aussi être accro à la balade !

Une régularité dans les horaires, permettant une bonne répartition des loisirs, est préférable pour l'équilibre du chien Au moindre changement de programme, le chien, qui possède une véritable horloge biologique, tourne en rond, gémit, finit par aboyer et s'énerver.

Dans la forêt ou dans les prés, le chien doit respecter l'autorité de son maître alors qu'il veut parfois jouer les petits chefs et décider de l'itinéraire à adopter. Aussi doit-il marcher en laisse. Cela fait partie du système éducatif du chien. C'est en l'empêchant de tirer à hue et à dia, qu'il reste à sa place de dominé et se souvient que seul le maître détient l'autorité. Le chien doit marcher au pas et s'adapter à notre rythme.

De la main droite, on tient la poignée puis on saisit la laisse en son milieu de la main gauche, et on donne l'ordre « avance ». Si le chien décide de tracter son maître, on donne une secousse sur la laisse pour la détendre et on laisse tomber la sangle au sol.

> Le mettre au vert

Il part à droite, à gauche, s'arrête à la croisée des chemins et prend tout son temps. Dans la campagne, il renifle la terre, puis revient quand il en a envie, il fait demi-tour, mais obéit au quart de tour… C'est simple, il a toujours son maître au bout de la laisse ! En aucun cas, le chien ne doit prendre la clé des champs. Dans ce cas, il faut très vite avoir recours au rappel.

C'est d'ailleurs un comportement inné : revenir et rester en meute est un acte spontané lorsque le chien vit avec sa mère ou ses frères et sœurs. Cela lui évite d'avoir à affronter seul des ennemis.

Attention à ses nouvelles fréquentations ! Il risque d'être contaminé si ses congénères de la rue ne sont pas vaccinés. Il peut également attirer l'attention des employés communaux. Ceux-ci, au regard de la loi, sont censés emmener à la fourrière les chiens sans maître qui traînent dans les rues. Sans maître et sans collier, ces chiens sont voués à l'euthanasie.

> Balade en ville

Sa conduite en ville, auprès de son maître, doit être irréprochable. Tout est une question d'éducation canine.

Comme nous l'avons dit, certaines règles élémentaires doivent être assimilées par le chien, dès son jeune âge. Ainsi la propreté sur

les trottoirs s'impose-t-elle comme le point de départ. Dès que le chiot a enregistré les principes de la propreté à la maison, il doit apprendre à respecter l'environnement lorsqu'il est dans les rues.

Pas question de le laisser s'oublier sur le trottoir ! Le caniveau est donc le B.A.-ba de l'apprentissage pour le chien citadin… Tant qu'il n'a pas éliminé, il ne doit pas rentrer à la maison.

> La marche en laisse

La marche en laisse fait également partie du règlement. Il va au pas et s'adapte au rythme de l'homme. Par rapport au maître, il se tient à une distance de 1 ou 2 m et reste sur la gauche (si le maître est droitier). Attention à ne jamais changer de côté pour ne pas le perturber ! La poignée est tenue dans la main droite, la laisse en son milieu dans la main gauche. Puis on donne l'ordre « avance ». Pas question qu'il décide de tracter le maître ! Ce n'est pas lui qui mène le jeu !

Dans ce cas, on donne une impulsion sur la laisse pour retenir ce petit têtu. Il doit marcher

Des loisirs avec son chien

À la belle saison, certains sports sont un vrai plaisir. À côté des activités purement ludiques, il y a la marche, le jogging. En balade, le chien va et vient, flaire, s'arrête, dévie, retourne. Il se fait des farces. Pendant que le maître suit la ligne droite, il emprunte le chemin le plus long, multipliant son trajet par quatre ou cinq !

L'agility connaît un vif succès dans l'Hexagone. Le maître court à côté du chien. Celui-ci évolue librement sans laisse ni collier, sur un parcours composé d'obstacles divers : haie, slalom, mur, tunnel. Notre bichon maltais n'est pas très attiré par cette nuée d'obstacles. Une course auprès de son maître suffit à lui donner une saine activité.

droit, sans manifester la moindre réaction vis-à-vis des passants, qui doivent jouir d'une tranquillité absolue en présence des chiens en ville. Il ne tire pas et obéit aux ordres qui lui sont donnés.

> Respect des passants et des lieux

Le respect des passants s'impose dans la ville où les chiens ne se font pas que des amis. Bien élevés, ils seront mieux accueillis et finiront par être assimilés à la population. Aussi est-il inacceptable que le chien renifle le bébé dans une poussette ou vole le croissant d'une petite fille. Le maître est chargé de faire obéir son animal, de le maîtriser ou de l'empêcher de sauter à la gorge d'un inconnu. La laisse est donc le seul moyen de transmettre des ordres si l'animal a un moment d'égarement.

Le respect des lieux doit être inculqué par le maître. Le chien n'est pas admis dans les magasins d'alimentation. Il doit attendre que son maître ait fini ses courses. Pour cela, le chien est attaché à un anneau fixé sur le mur de l'établissement. Hélas, cela tente les voleurs de chiens !

La signalétique des villes permet de ne pas faire d'impasse. Certaines municipalités interdisent l'accès des chiens aux squares et jardins. C'est une question de prudence (un chien peut être excité par un enfant et peut le blesser) et

d'hygiène: les déjections de chiens dans les bacs à sable où jouent les enfants sont inacceptables.

Aussi certaines municipalités ont-elles soigneusement aménagé des aires réservées aux chiens. Sanichiens, aires d'ébats, canisites fleurissent dans les villes.

L'emmener en vacances

Emmener son chien avec soi n'est pas si compliqué pourvu que l'on ait pris le temps des préparatifs.

Les agences de voyage incluent la présence des animaux de compagnie dans les programmes de vacances. Voyages, moyens de transport, séjour à l'hôtel et à l'étranger… Tout est prévu.

Bien éduqué, le bichon maltais peut aller au restaurant, mais on doit d'abord s'assurer que l'établissement accepte les chiens. Alors on l'amène en laisse et, une fois dans la salle de restaurant, on le fait coucher sous la table, sa laisse nouée à la chaise.

> Les transports en commun

Dans les moyens de transport, le chien est admis car le bichon maltais est de petite taille et voyage dans un sac. En avion ou en bateau, il peut rester sur vos genoux, dans son sac de transport, tandis qu'un poids lourd (plus de 6 kg) voyage dans la soute de l'avion, enfermé dans une cage pressurisée disponible à l'aéroport. En train, son poids est déterminant. S'il pèse plus de 5 kg, il doit porter une muselière. En RER, le bichon maltais est accepté en laisse.

En voiture, sa place est sur la banquette arrière, à l'abri dans le panier ou attaché avec un harnais de sécurité. Attention aux vitres car ce passager à quatre pattes a les yeux et les oreilles sensibles. Il faut donc éviter les courants d'air. Il faut prendre garde à ne pas s'arrêter n'importe où. On a beau chercher une place à l'ombre pour que le chien ne souffre pas de la chaleur, le soleil tourne et frappe très fort.

> Quand on va trop loin

On doit parfois se rendre à l'évidence : le chien ne peut suivre son maître partout si la destination est lointaine ou bien si l'accès du pays n'est pas autorisé. Une seule solution, pendant les vacances : la pension ! Avant de choisir la « maison de vacances » de son bichon maltais, où il sera confié pendant 15 jours, 3 semaines ou 1 mois, on doit savoir où on met les pieds. En aucun cas, il ne faut faire une réservation par téléphone si on n'a pas visité les lieux.

Il faut se rendre sur place pour observer les locaux, la propreté des lieux. La moindre négligence doit vous sauter aux yeux. On doit visiter les boxes pour en apprécier l'espace et le degré de confort. Quelle est la nature du sol ? Le béton est préférable car il permet une meilleure hygiène. L'idéal est qu'il y ait un parc où le chien pourra gambader.

> En pension

Si cette pension semble être le bon endroit pour les vacances du chien, il ne faut pas partir sans contrat (tarifs, règlement intérieur, conditions de garde). On devra laisser coordonnées, carnet de santé et carnet de vaccination (à jour), l'adresse du vétérinaire… sans oublier le tee-shirt porté par le maître. L'odeur va rassurer le chien les premiers jours.

Enfin si après maintes réflexions, on hésite à confier son chien à l'extérieur et qu'il reste dans ses murs, on peut faire appel à une agence de pet-sitting. Reste à décrire en détail son menu : rations, fréquence des repas. À noter que la nourriture industrielle est plus pratique pour une tierce personne.

Au final, il n'y a rien de plus joyeux que d'emmener son bichon maltais avec soi : c'est tout l'avantage et le charme de ce petit chien !

> Prévenir le mal des transports

Même s'il a la tête à l'envers dès qu'il prend l'avion ou monte en voiture, le bichon maltais a pourtant les moyens d'éviter les nausées. Quelques précautions suffisent à lui épargner cette descente aux enfers.

Une bonne acclimatation du chien à la voiture est nécessaire, mais ne s'avère efficace que si l'on impose une diète sévère avant le départ (8 h avant). Seule l'eau de boisson n'est pas limitée. Ainsi le chien a l'estomac léger et échappe à cette sensation de mal de cœur.

L'idéal est de familiariser son bichon maltais dès son jeune âge avec les départs et différents moyens de locomotion. De temps en temps, laissez-le pénétrer dans la voiture afin qu'il s'habitue à l'odeur et prenne confiance dans cet habitacle. Prenez soin de l'installer dans sa corbeille afin qu'il se sente bien niché, ce qui peut lui éviter des crises d'angoisse. Puis emmenez-le une dizaine de minutes sur la route.

Si le voyage dure longtemps, abreuvez-le toutes les 2 h et promenez-le un quart d'heure avant le départ pour qu'il se dégourdisse les pattes et fasse ses besoins. Profitez de l'hospitalité des relais autoroutes pour permettre à votre chien de se détendre. Pendant le voyage, laissez la vitre entrouverte mais sans excès afin qu'il n'ait pas l'œil irrité, ce qui risque d'entraîner une conjonctivite. Attention aux courants d'air !

Le mal des transports, qui peut être très embarrassant pour le maître si l'on emprunte les transports en commun, peut toutefois être évité grâce aux médicaments. Avant le départ,

l'administration d'un antiémétique (antivomitif) empêche les vomissements.

• Médications et médecines douces

Si le chien est nerveux et angoissé dès qu'il entend claquer les portes et vrombir le moteur, demandez au vétérinaire un tranquillisant. Cela n'est pas superflu notamment lorsque le chien doit passer quelques heures en bateau ou dans la soute de l'avion. Bien que cette partie de l'aéroplane soit climatisée, le chien peut souffrir d'anxiété, due à la séparation d'avec ses maîtres. Mieux vaut qu'il s'assoupisse pendant le trajet et retrouve ses maîtres détendu et reposé. La phytothérapie est efficace lorsque le chien a besoin d'être apaisé avant de monter en voiture ou de prendre l'avion.

Détail non négligeable pendant le transport : empêcher les enfants de chahuter avec le chien. Agité et énervé, celui-ci a tendance à être nauséeux.

Respecter son âge mûr

Excellent chien de compagnie, le bichon maltais est de plus en plus quémandeur de câlins au fil des années. La présence des enfants, qu'il affectionne particulièrement, lui permet de vivre une douce vieillesse. Plus que jamais, le petit chien blanc a une sainte horreur de la solitude !

> Les affres du vieillissement

De nature vive et enjouée, le bichon maltais n'échappe pas aux affres du vieillissement. Voilà qu'il privilégie les siestes et aspire au grand calme. Ce qui importe au bichon âgé, c'est d'avoir de la compagnie car le chien est aux côtés de l'homme depuis l'époque préhistorique et éprouve encore davantage le besoin de sa présence au moment où il vieillit.

Son aspect extérieur reste intact lorsqu'il atteint le troisième âge. Il a toujours la silhouette drôle et juvénile. Le corps inscrit dans un carré, la croupe large, l'allure dégagée, il conserve son beau poil long, tout doux, gonflé et volumineux qui ressemble à des flocons de neige. Avec ses pieds ronds et petits, sa tête lunaire, sa truffe ronde, noire et luisante, on a toujours envie de le cajoler. Ses yeux tout ronds, ses longues oreilles pendantes, attachées haut, et sa queue recourbée sur le dos, constituent le portrait craché d'un amour de chien !

> Son maître est son idole

Heureux comme un coq en pâte en appartement, cet adorable compagnon est toujours en éveil. Il lui arrive de « tirer la sonnette d'alarme » à l'approche d'un intrus, mais il n'a qu'une raison de vivre : plaire à son maître. Il lui voue une confiance absolue. Vieillissant, il demeure un ami fidèle, affectueux, calme, intelligent. Comment préserver son bonheur quand ses facultés diminuent ?

On l'a connu robuste, infatigable, d'un tempérament vif, et surtout aimant jouer. C'est ce goût pour l'activité ludique qu'il faut maintenir chez le bichon en l'incitant à participer aux jeux des enfants (rondes, jeux d'adresse). Car le jeu permet au bichon d'entretenir ses muscles et de maintenir son énergie. Sa complicité avec les enfants se solidifie. Aussi apprécie-t-il d'être mêlé à leur joie de vivre lorsqu'ils complotent ou conçoivent toute une stratégie pour un nouveau jeu.

> Le toilettage est de rigueur

Autre occupation qui fait obstacle à l'ennui et lui prouve chaque jour les bonnes intentions que son maître manifeste à son égard : la toilette. Son poil nécessite un toilettage réalisé avec sérieux, comprenant à la fois un brossage quotidien et un peignage méticuleux. Après le démêlage effectué à la main, il faut continuer par un brossage en utilisant une brosse douce. Lorsqu'on lui donne un bain, on doit prendre soin de mettre le bichon dans une pièce bien chaude, à l'abri des courants d'air.

Lorsque l'on emmène son chien âgé chez le toiletteur (deux fois par an pour le bichon), on prévoit son sac de transport. Car à l'âge mûr ce petit pantouflard rechigne à montrer le bout de sa truffe noire et à marcher dans la rue. Un peu d'exercice cependant ne lui serait pas nocif. Mais ce chien d'intérieur ne changera plus : son goût pour la vie d'intérieur est de plus en plus marqué.

Pense-bête

Certains gestes améliorent le mode de vie et la santé du bichon maltais âgé. Sa longévité est de 14-15 ans.

1. Prévoyez un ou deux détartrages par an.
2. Nettoyez bien ses yeux qui coulent.
3. Mettez-lui un imperméable par temps de pluie.
4. Sachez qu'il a tendance à se renfermer sur lui-même en vieillissant : veillez à maintenir une certaine activité ludique et sociale de votre chien.

Pour aller plus loin

Le bichon maltais et les expositions

Cela fait partie de la tradition cynophile : faire concourir son chien et fréquenter les expositions. Un bon endroit pour une rencontre entre éleveurs et futurs maîtres ! Pour le bichon maltais, la bonne tenue est de rigueur. Après la séance de toilettage, il faut passer devant les juges.

Le toilettage

C'est le secret de beauté et de l'élégance qui s'impose pour tout candidat aux expositions canines. Jacuzzi, pulseur, table de toilettage, niche de séchage, tondeuses, peignes, cardes et ciseaux (droits, à effiler ou à sculpter), etc. La panoplie est immense pour transformer un chien ordinaire en champion. La tâche du toiletteur consiste à rapprocher son mannequin de la beauté standard. L'objectif en effet est que le chien obtienne un Certificat d'aptitude au championnat de standard (CACS). L'art consiste à masquer les défauts, des rondeurs aux imperfections du museau. Tout chien qui s'allonge sur le tapis antidérapant doit être mis en beauté.

> Mise en beauté

Pour certains chiens très poilus comme le bichon maltais, les séances ont lieu deux à trois fois par an. Outre le démêlage hebdomadaire effectué par le maître, il faut enlever la bourre, tailler, tirer sur le poil. C'est souvent beaucoup plus compliqué qu'il n'y paraît. Il faut manier les ciseaux pour modeler la silhouette du chien.

Être propre ne suffit pas. Il faut encore se mettre au parfum. Un joli chien à la fourrure de rêve, régulièrement huilée, et poudrée, doit aussi dégager de « sa personne » une senteur raffinée. À l'origine de cette vogue anti-odeurs, certains laboratoires vétérinaires ont créé des gammes complètes de déodorants, sous forme de laits ou sprays, et de désodorisants qui chassent les petites mauvaises odeurs.

Mais les sécrétions incommodantes viennent aussi d'ailleurs. Il faut prendre soin de mentholer la bouche, nettoyer les oreilles au lait auriculaire, appliquer une lotion sur les pieds. Car le chien sent des coussinets. Enfin les fabricants au nez fin n'ont pas négligé la périphérie ano-génitale du chien. Et pour sentir la rose, le bichon maltais a droit à son eau de toilette.

Devenir champion

Le résultat est souvent apprécié dans le cadre des expositions. Diverses activités y sont proposées, comme les séances de confirmation. Puis le chiot doit encore passer le Test d'aptitudes naturelles ou TAN, en présence d'un juge. Seule la mention Excellent mène au titre de champion lors de cette épreuve.

Pour être champion de France, le chiot doit obtenir 3 CACS (Certificat d'aptitude au championnat de conformité au standard)

décernés par 3 juges différents dans trois endroits différents : au championnat de France ou à la Nationale d'élevage ; dans une spéciale ; dans une exposition internationale.

Dans ce troisième lieu, le gagnant du CACS concourt avec la classe champion pour l'attribution du CACIB (Certificat d'aptitude au championnat international de beauté).

> Le standard d'abord

En premier lieu, le propriétaire doit s'appuyer sur le standard du bichon maltais et, pour cela, connaître les exigences du Club des bichons et des petits chiens lions. Ce dernier, au sein de la Fédération cynologique internationale (FCI), a la responsabilité de gérer le standard. Cette mission s'effectue en accord avec les instances cynologiques nationales (la Société centrale canine) et internationales.

Le travail du Club des bichons et des petits chiens lions consiste tout d'abord à nommer les juges de la race. Ces derniers œuvrent pour la sélection en se référant aux points de non-confirmation et à la grille de sélection, le tout étant déterminé par le club. Le candidat doit progresser dans la grille de sélection du club. Sa beauté n'est pas le seul critère. Son caractère est également testé au moyen du test d'aptitudes naturelles, également mis au point par le club.

> La grille de sélection

La grille de sélection est un système de classement des géniteurs, établi en fonction des qualités reconnues et des résultats obtenus. La cotation va de 1 à 6. Les cotations les plus importantes, 5 et 6, font référence à la valeur de la descendance de ces géniteurs. Précisons que la cotation des chiens n'est pas une garantie absolue de qualité. Néanmoins, elle n'est pas dénuée d'importance. Elle sert d'indicateur et guide le futur acquéreur dans son choix.

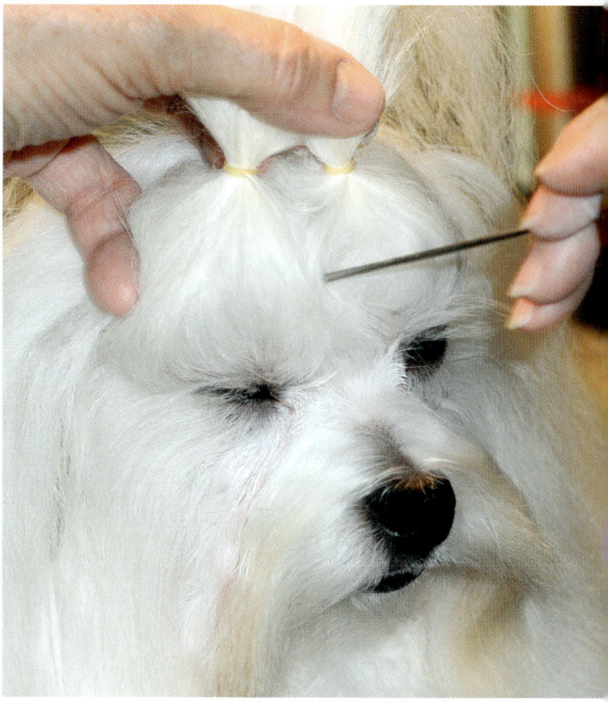

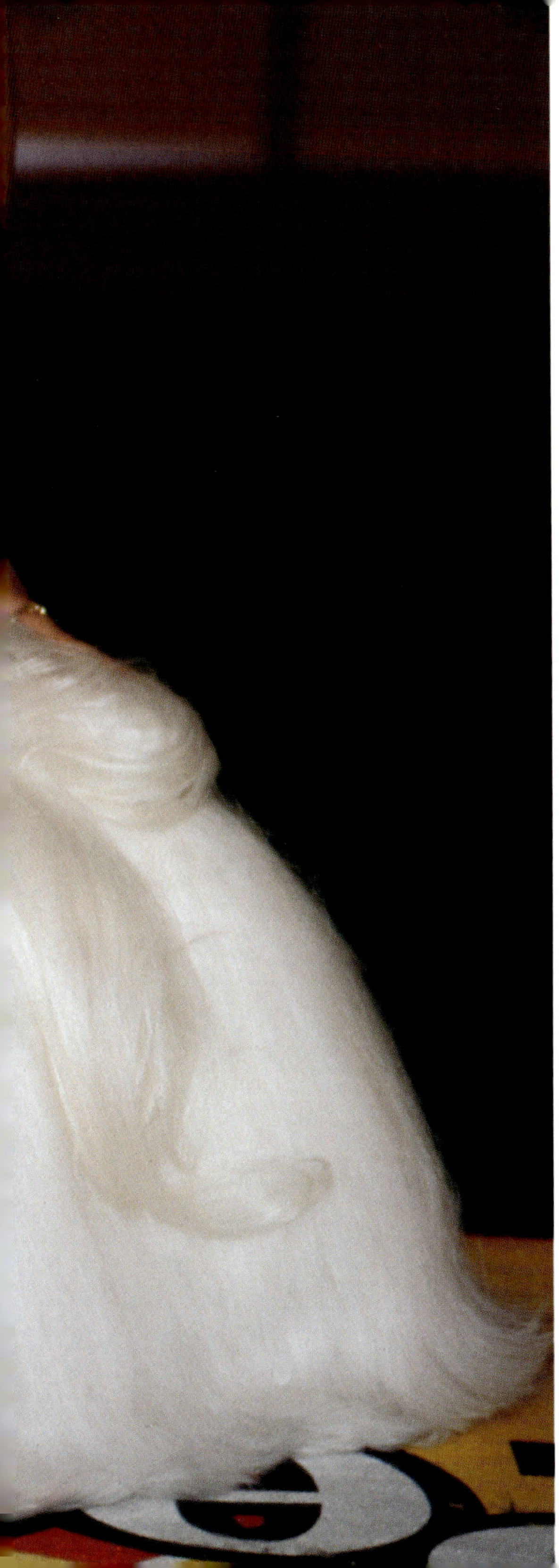

Sur le net

Sur le site de la Société centrale canine, on trouve de nombreuses informations concernant la cynophilie en général : www.scc.asso.fr

Le site généraliste sur la cynophilie www.cedia.fr diffuse le calendrier des expositions canines et propose l'inscription en ligne.

Sur le site Select Your Dog, on dispose d'un annuaire avec une sélection d'éleveurs de la race : www.selectyourdog.com

Il existe des sites d'éleveurs, parfois très complets, dont on trouve facilement les coordonnées grâce aux moteurs de recherche.

• Cotation 1 : Confirmé

Confirmation simple.

• Cotation 2 : Premier choix

Confirmation + obtention d'un qualificatif Excellent en exposition et au test d'aptitudes naturelles.

• Cotation 3 : Excellent

Cotation 2 + obtention d'un qualificatif Excellent en Nationale d'élevage.

• Cotation 4 : Recommandé

Cotation 3 + quatre qualificatifs Excellent, dont au moins deux en exposition internationale, ou deux CACIB ou RCACIB, dont l'un au moins en exposition Spéciale de race.

• Cotation 5 : Élite B

Géniteur coté 3, dont cinq descendants, issus d'au moins deux partenaires différents, obtiennent le qualificatif Excellent dans une même Nationale d'élevage, en classe Ouverte ou Champion.

• Cotation 6 : Élite A

Géniteur coté 4, dont cinq descendants, issus d'au moins deux partenaires différents, obtiennent le qualificatif Excellent dans une même Nationale d'élevage, en classe Ouverte ou Champion.

sieurs classes d'engagement qui varient selon le sexe, l'âge et éventuellement les titres déjà obtenus.

> Des expositions de haut niveau

En exposition nationale, le vainqueur de la classe Ouverte peut se voir attribuer le CACS (Certificat d'aptitude de conformité au standard) pour chaque sexe et catégorie de couleur. Le titre de Champion de conformité au standard est homologué lorsque le lauréat a obtenu un CACS dans une Nationale d'élevage, un CACS dans une exposition internationale et un CACS dans une Spéciale de race, dans un délai de deux ans.

En exposition internationale, un CACIB (Certificat d'aptitude au championnat international de beauté) est mis en jeu. Il départage pour chaque sexe, les vainqueurs de la classe Ouverte et les vainqueurs de la classe Cham-

> Dans les rings d'expositions

C'est essentiellement le week-end que maîtres et chiens fréquentent les rings d'expositions canines. Il s'agit de décrocher les premiers prix. Une récompense très convoitée. Elle permet d'obtenir pour son bichon maltais un titre de Champion de conformité au standard ou de Champion international de beauté – tout dépend de l'exposition.

Un juge examine le candidat de deux façons : le chien est présenté en position statique puis en mouvement. On vérifie la conformité du sujet par rapport au standard de la race. Enfin le chien est intégré dans le classement qui hiérarchise le niveau de chaque candidat : Excellent, Très Bon, Bon, Assez Bon. Il existe plu-

pion. Un titre de Champion international est homologué lorsque le candidat a obtenu quatre CACIB dans trois pays différents, avec trois juges différents.

> Les classes d'engagement

Classe Puppy (M/F) : sujets âgés de 6 à 9 mois.

Classe Débutant (M/F) : sujets âgés de 9 à 12 mois.

Classe Jeune (M/F) : sujets âgés de 12 à 18 mois.

Classe Ouverte (M/F) : sujets de plus de 12 mois (15 mois pour les CACIB).

Classe Champion (M/F) : sujets de plus de 15 mois, déjà titulaires d'un titre de Champion de beauté homologué.

Classe Vétéran (M/F) : sujets de plus de 7 ans.

> Le Test d'aptitudes naturelles

Le TAN vérifie que le chien présente bien le caractère escompté pour la race. Il consiste en une succession de quatre épreuves :

– Socialisation et présentation : le chien doit se laisser examiner facilement (noté de 0 à 3).

– Réaction face à un groupe : le chien passe au milieu d'un groupe de personnes inconnues et ne doit manifester ni crainte ni agressivité (noté de 0 à 3).

– Réaction face à un stress : on provoque un bruit inhabituel à côté du chien qui ne doit pas manifester la moindre peur (noté de 0 à 3).

– Aptitude à l'apprentissage : on teste le rappel du chien (noté de 0 à 2).

Le chien obtient son TAN si sa note globale est au moins égale à 6. La notation zéro à l'une des épreuves est éliminatoire. Le TAN est obligatoire pour l'homologation de titre de Champion de France, ou pour la cotation 2 et plus.

La reproduction du bichon maltais

Avant la mise bas, il faut prévoir l'accouplement entre mâle et femelle. Un mariage arrangé par l'éleveur, lequel devra surveiller la chienne jusqu'à la naissance des chiots et pendant l'allaitement.

La gestation

> L'accouplement

Mâle et femelle d'une même race sont présentés l'un à l'autre. Leur union dure entre 5 minutes à une demi-heure. La fécondation d'un ovule par un spermatozoïde aboutit à la formation d'un œuf. Celui-ci migre et subit quelques divisions avant de s'implanter dans la muqueuse utérine. Mais la nidation n'aura lieu que 17 jours plus tard. Il faudra cependant attendre la troisième semaine pour que les embryons soient visibles à l'échographie.

Entre 5 et 6 semaines de gestation, le diamètre de l'utérus atteint celui d'une anse intestinale. Vers le 45e jour, une radiographie permet de voir les squelettes des fœtus. Grâce aux techniques modernes, on peut aussi percevoir les battements cardiaques et les modifications sanguines. Une échographie est adressée à la Société centrale canine qui adresse en retour un certificat de saillie. La mise bas dont les signes précurseurs s'annoncent dans la semaine précédente a lieu entre 58 et 63 jours après l'accouplement.

> Changement de comportement

En général, le comportement de la chienne se modifie lors de la dernière semaine. Elle s'approprie différents objets pour faire son nid. Elle se met en quête d'un endroit tranquille ou bien recherche la compagnie de son maître. Son appétit diminue, elle est constipée. Sa mamelle grossit, signe de la montée du lait. Trois jours avant le jour J, la vulve gonfle et se relâche sous l'imprégnation œstrogénique.

La température rectale est également un signe : elle chute de 1 °C dans les 24 heures avant la naissance des chiots. Enfin l'imminence de la mise bas se caractérise par l'écoulement du bouchon muqueux qui provient du col de l'utérus. De 24 à 36 heures avant l'accouchement, la chienne est atteinte de contractions.

La mise bas

L'engagement du premier chiot dans la filière pelvienne provoque des contractions visibles de la musculature abdominale (que l'on appelle le réflexe de Ferguson). En moins de trois heures, se rompt la poche des eaux. Le chiot apparaît à la vulve, puis il est expulsé dans la minute qui suit. Sans apprentissage préalable, la parturiente avale les membranes qui enveloppent le nouveau-né, ingurgite le placenta. Puis dans la logique des choses, elle lèche son petit, le débarrasse de la moindre trace d'enveloppe fœtale. Tout le corps du bébé chiot est minutieusement nettoyé.

Anomalie

Lorsque l'intervalle d'une demi-heure est dépassé entre chaque chiot, cela révèle une anomalie. Il s'agit d'une inertie utérine primaire qui peut provenir d'une fatigue, d'une hypoglycémie. Dans ce cas, une intervention chirurgicale est nécessaire.

> La chienne au travail

Du point de vue psychologique, les coups de la langue de la mère sont indispensables. En léchant la zone anale, elle déclenche les déjections du petit. En mouillant son museau, elle lui permet de respirer. Sur le ventre, sur le dos, sur le flanc, la mère retourne son amour de chiot, le bouscule et le pousse jusqu'à ce qu'il atteigne le ventre maternel et trouve les mamelons.

Trente minutes plus tard, au suivant ! Même scénario. La chienne, infatigable, répète les mêmes gestes pour chacun de ses petits. Ils sont quatre ou cinq, parfois plus… En 2 ou 3 heures, l'accouchement est terminé.

La contraception

Pour différer une gestation ou empêcher la reproduction, on a recours à la stérilisation temporaire ou définitive. Médicament, piqûre, chirurgie sont les moyens utilisés.

> La stérilisation

Il existe plusieurs méthodes contraceptives pour éviter les naissances non désirées. La stérilisation passagère est pratiquée par voie orale ou injectable, à l'aide de stéroïdes synthétiques dérivés de la progestérone. La prise orale n'est pas sans inconvénient : elle nécessite une parfaite connaissance du cycle de la chienne. L'injection, effectuée par le vétérinaire, un mois avant la date présumée des chaleurs, est appréciable dans certaines circonstances : en vacances, par exemple, on peut supprimer une période de chaleurs chez la chienne. Mais cette option entraîne parfois des complications : cycle anormal, boulimie, prise de poids, risque de décoloration du poil, d'atrophie musculaire localisée sur le site d'injection…

Un examen médical est indispensable car l'administration de progestagènes est à éviter chez une chienne dont l'appareil génital présente une pathologie. Totalement déconseillé pour les chiennes impubères, ce médicament doit être distribué en dehors des chaleurs ou au plus tard deux ou trois jours après, en respectant strictement la posologie liée au poids de l'animal.

• Chez le mâle

Une autre forme de contraception est la stérilisation définitive. Chez le mâle, il existe deux moyens : le premier, la vasectomie, consiste à sectionner les canaux déférents pour empêcher les spermatozoïdes d'être expulsés lors de la saillie.

Le second, la castration, est l'ablation des testicules. C'est l'opération la plus souvent réalisée. Lorsque le chien est castré, il perd son instinct sexuel et a parfois tendance à l'embonpoint.

• Chez la femelle

On compte quatre types d'intervention.

La ligature des trompes consiste à sectionner et à ligaturer le sommet des cornes utérines pour empêcher les ovules d'atteindre l'utérus. Toute gestation devient impossible mais le chien conserve un cycle sexuel normal.

L'ovariectomie est l'ablation des ovaires. Cette opération n'est pas à prendre à la légère. Il s'agit d'ouvrir l'abdomen pour accéder aux ovaires. Après cette intervention chirurgicale, qui se déroule sous anesthésie, la chienne n'a

La stérilité

Fécondation, nidation, production d'ovules présentent sans doute quelque anomalie lorsque la chienne est stérile. Une affection à ne pas confondre avec l'infertilité, qui est occasionnelle.

plus de cycle sexuel, ni chaleurs ni lactations de pseudo-gestation.

Quant à l'hystérectomie, elle consiste en une ablation de l'utérus. La chienne garde ses ovaires, présente des cycles sexuels normaux, mais n'a pas d'écoulement de sang.

Il existe une quatrième intervention possible visant à stériliser la femelle : l'ovario-hystérectomie qui est l'ablation des ovaires et de l'utérus.

> Le cycle ovarien chez la chienne

Le cycle sexuel démarre lorsque la cellule reproductrice femelle rencontre un spermatozoïde. L'ovule est fécondé pour produire un œuf puis un embryon. Invisible à l'œil nu, l'ovule en maturation est entouré d'un follicule à la surface de l'ovaire sous la forme d'une petite zone translucide. L'évolution est la suivante :

La grossesse nerveuse

Cet état est complexe. Sans avoir jamais été fécondée, la chienne présente les mêmes symptômes que si elle était en gestation. Elle dorlote les peluches, les garde jalousement, ne quitte pas son nid. Fait étonnant : sa mamelle est toute gonflée et toute dure… il y a même du lait qui s'écoule !

En fait, la montée du lait n'est pas un phénomène physiologique aberrant. Lorsque la chienne a les ovaires au repos (l'anœstrus ou absence d'œstrus dure 5 mois), le « corps jaune » déclenche la lactation. Ainsi après chaque cycle ovarien (il y en a deux par an chez la chienne), celle-ci est donc capable de nourrir des petits. Ceci explique les belles histoires d'adoption, où les chiennes généreuses offrent leur mamelle nourricière à des chatons ou lapins en danger, etc.

La grossesse nerveuse ne doit pas inquiéter outre mesure. Mais il ne faut pas toucher la mamelle de la chienne durant ce laps de temps. Cela augmenterait sa sécrétion lactée. Si la lactation dépasse 21 jours, la chienne doit être emmenée chez le vétérinaire.

– le prœstrus dure en moyenne 8 à 10 jours pendant lesquels le follicule libère des œstrogènes ;

– les premiers signes des chaleurs apparaissent : gonflement de la vulve, pertes de sang ;

– l'ovule parvenu à maturité est libéré dans l'oviducte et descend le long de l'appareil génital ;

– l'œuf s'implante dans la corne utérine ;

– au moment de l'ovulation, la chienne est prête pour la fécondation ;

– la seconde partie des chaleurs, qui dure en moyenne de 6 à 10 jours, s'appelle l'œstrus.

Sous l'action des hormones, le comportement de la chienne est modifié. Elle recherche et accepte le mâle.

> Prudence sur les hormones !

Il s'agit de stimuler les glandes déficientes ou remplacer les hormones insuffisantes. Elles doivent cependant être utilisées avec prudence. Car elles peuvent provoquer la mise au repos, temporaire ou définitive, des glandes responsables de leur production naturelle. Par exemple, l'emploi de progestatifs chez une chienne impubère peut retarder l'apparition de ses premières chaleurs et provoquer par la suite un retard de croissance et un blocage complet de ses cycles. Pour que la chienne soit apte à concevoir, toutes les conditions doivent être réunies.

L'ÉLEVAGE DU BICHON MALTAIS

Le métier d'éleveur nécessite non seulement un équipement approprié, allant du matériel aux locaux, mais des qualités de persévérance et bien sûr une grande connaissance du chien.

Administratif et équipement

> LES PAPIERS D'ÉLEVAGE

Certains documents sont exigés pour l'installation. La Déclaration d'établissement d'hébergement de chiens doit être demandée à la DSV (Direction des services vétérinaires) et doit être dûment remplie et retournée. Ce formulaire comporte au recto des questions portant sur l'identification de l'établissement, l'activité, la date, la signature. Ce même formulaire interroge au verso sur la description de l'établissement concernant le revêtement du sol (gravier, terre battue, béton), la présence ou non de cages, d'une maternité, d'un dépôt de cadavres, d'une cuisine etc.

La tenue de registre doit être régulière. Il s'agit de deux autres documents Cerfa (Centre d'enregistrement et de révision de formulaires administratifs), l'un concernant les entrées et sorties des animaux n° 50-4510, l'autre, la santé de l'élevage n° 50-4511.

La création d'un chenil entraîne des démarches et procédures administratives. Avant d'ouvrir un établissement dans la commune, on doit consulter le maire ou informer la Direction départementale des services vétérinaires. On doit observer une distance minimale réglementaire entre le chenil et l'habitation la plus proche. La DSV veille à ce que l'aménagement et le fonctionnement des installations ne provoquent pas de nuisances. On tient compte du bien-être de l'animal mais aussi de l'environnement et de la protection de la nature.

> DES LOCAUX ADAPTÉS

Un professionnel doit prévoir un endroit réservé à l'accueil des clients, endroit séparé de la salle réservée aux chiens, par une baie vitrée (de façon à ce que les visiteurs puissent voir les chiots sans les déranger). Enfin pour des raisons sanitaires, on doit disposer d'un local faisant office d'infirmerie pour les chiots malades. Celle-ci est équipée d'un lavabo et contient le linge, l'armoire à pharmacie. Un lieu de stockage pour les aliments doit être prévu. À noter que la maternité, dotée de niches en carton pourvues de tissus propres, suppose une température supérieure à 20 °C, un degré hygrométrique prévu entre 50 et 60.

> UN BUDGET À ÉQUILIBRER

Le budget englobe plusieurs postes dont le plus important est celui de la publicité (petites annonces, etc.). Ensuite viennent les frais vétérinaires, l'alimentation, la comptabilité. L'équilibre entre les dépenses et les recettes n'est pas si simple. On sait qu'un chiot bichon maltais de 4 mois est vendu au minimum 1 300 euros, mais si l'on déduit le montant de la saillie, la nourriture, les vaccins, les tests, le tatouage, la publicité (les annonces faites dans les revues canines), le bénéfice s'avère insuffisant, voire inexistant.

Le savoir-faire

L'éleveur doit savoir faire face aux problèmes de gestation et de mise bas d'une chienne reproductrice.

> Interventions à prévoir

En principe, la chienne met bas sans assistance. Mais si la portée se limite à un unique chiot (il y a ce qu'on appelle dystocie), ou si l'intervalle entre chaque nouveau-né dépasse une heure, il faut intervenir. Un accouchement normal n'excède jamais six heures.

On peut essayer soi-même de délivrer les chiots. On commence par masser énergiquement les mamelles afin de réactiver les contractions et précipiter les expulsions. En cas d'échec, il faut extraire les nouveau-nés de l'utérus après avoir enfilé des gants stériles. Puis, on libère les jeunes chiots de leurs enveloppes. On dégage les narines, la bouche et le fond de gorge afin de provoquer la respiration.

Un doigt placé entre les deux pattes de derrière du nouveau-né, on le soulève, tête en bas, pour faire s'écouler les liquides. S'il ne respire toujours pas, on lui souffle dans la bouche et les naseaux. Il y a encore de l'espoir si l'on entend son cœur. On le plonge rapidement tête et nuque dans l'eau froide… Alors bébé chiot émet son premier souffle. Avec des linges propres, on le frictionne au niveau de la cage thoracique pour accélérer les mouvements respiratoires.

D'un nouveau-né à l'autre, le temps est parfois long. Lorsque le délai est dépassé, notamment s'il s'agit de petites races, comme le bichon maltais, dont l'abdomen n'est pas extensible, ou de races brachycéphales, au crâne volumineux, le vétérinaire fait une césarienne. Dans ce cas, à peine a-t-on récupéré les petits qu'il faut les placer tout près de la chienne, de manière à éviter un rejet de sa part. En effet, le risque n'est pas exclu car son comportement maternel n'a pas été renforcé par la stimulation vaginale.

> Nourrissage des chiots

Lorsque la mère chienne ne peut allaiter ou bien que les chiots sont orphelins, il faut nourrir ces derniers avec un lait semblable à celui de la mère.

• Des biberons pour les orphelins

Il arrive que la chienne, par inexpérience, lorsqu'elle est primipare, se désintéresse de ses petits. Elle les laisse gémir de faim, refuse de les nourrir, les oublie dans un coin du nid. Impuissants, les petits sont livrés à leur triste sort. Sans doute cette mère « indigne » a-t-elle été victime de coups bas au sein de la meute familiale. Mal intégrée, une chienne ne parvient pas à assumer sa maternité. Autre motif : elle peut éprouver des douleurs, telle une mammite ou une infection génitale qui ne l'incite pas à s'occuper de ses rejetons.

L'allaitement artificiel s'impose lorsque la chienne manque de lait. Cela nécessite une distribution de huit biberons par vingt-quatre

Les maladies génétiques

La prévention contre les maladies génétiques au sein de l'espèce canine – on en compte plusieurs dizaines – est la préoccupation principale chez les éleveurs.
Ces affections congénitales se manifestent si le père et la mère sont tous deux porteurs du gène récessif. Parmi les tares héréditaires, 90 sont dues à un gène récessif, 15 à un gène dominant, 45 à plusieurs gènes agissant ensemble. Parmi les maladies congénitales les plus répandues, citons celles qui font l'objet de vices rédhibitoires, telles l'atrophie rétinienne héréditaire, la dysplasie. D'autres sont assez répandues : la démodécie, l'hémophilie, le phimosis.
La génétique n'est pas étrangère au mal du siècle qui touche notre fidèle compagnon, la dépression : lassitude, découragement, faiblesse, anxiété, angoisse en résultent.

heures les deux premiers jours, six le troisième et quatrième jour, puis de cinq biberons entre le huitième et le seizième jour. Ce n'est pas la seule tâche qui incombe au maître. Il faut aussi surveiller la digestion du bébé chiot. Le lait qu'il ingurgite doit lui profiter pleinement. Son poids, qui doit évoluer de 5 à 10 % toutes les 24 heures, doit être vérifié tous les jours, noté, comparé.

• Bien nourrir la chienne

La chienne en lactation manifeste un appétit gargantuesque. Sa ration triple ! Elle doit être dotée d'une haute teneur en graisse, qu'il s'agisse de la cuisine maison ou des aliments à objectifs spéciaux destinés aux chiennes allaitantes. Ainsi la mère, chargée de nourrir ses petits, est-elle assurée de ne pas perdre plus de 5 % de son poids initial. Elle doit être alimentée 4 fois par jour. Sa nourriture enrichie va lui permettre de franchir le cap de la troisième semaine d'allaitement, où la production de lait atteint son maximum. La chienne doit alors

bénéficier de tous les apports phosphocalciques pour être à l'abri de la déminéralisation maternelle et des hypocalcémies aiguës.

• Rien à signaler

La plupart du temps, la nature œuvre pour le mieux et la mère chienne nourrit ses chiots sans le moindre problème.

Pour sa première tétée, le chiot ingurgite un liquide épais, riche en protéines, indispensable à tout nouveau-né. Ce n'est pas du lait, mais du colostrum. Cette sécrétion s'écoule pendant 24 heures, le temps d'apporter les immunoglobulines essentielles à la défense infectieuse. Ainsi la mère transmet sa mémoire immunitaire pour une période de 5 à 7 semaines jusqu'à ce que le nouveau-né soit capable de se défendre contre les agressions infectieuses. Privé de cette substance vitale, le chiot doit absorber un sérum polylvalent, ajouté à des antibiotiques et de fortes doses de vitamines A et B.

Le colostrum est remplacé ensuite par du lait. Le chiot le plus faible de la portée doit être

placé sur les mamelles postérieures : elles sont plus faciles à téter et plus riches en lait.

• La tétée, un phénomène naturel

Cinq à six fois par jour, la chienne laisse ses petits absorber son lait. Ce savoir-faire, elle le détient avant même l'accouchement. C'est là une question d'hormones. Le taux plus important d'œstrogènes (hormones femelles), la présence de la prolactine, hormone de la lactation, influencent le comportement maternel. Enfin la stimulation du vagin, lors du passage du nouveau-né par le col de l'utérus, cristallise les liens entre la mère et son petit.

Chaque jour de plus en plus vorace, le nourrisson a de quoi être rassasié. Sa mère fournit à la demande. En effet, la sécrétion lactée représente 3 % du poids de la mère avec des pics à 8 %. Plus riche que le lait de vache et le lait de brebis, notamment en graisses et en protéines, le lait de chienne est extrêmement nutritif pour le jeune chiot.

Au bout d'une demi-heure de tétée, il a le ventre gonflé comme un ballon. Mais le nourrisson a beau être rond comme un tonneau, il n'a pas de graisse de réserve. S'il n'a pas de tétine à sa disposition, après sa longue sieste, il crie. C'est ainsi qu'il tire la sonnette d'alarme : à trop attendre entre les repas, il peut être victime d'une maladie souvent mortelle, l'hypoglycémie.

Au moindre signe de diarrhée chez le nouveau-né, le biberon de lait est remplacé par de l'eau de riz ou de carottes pendant une journée ou deux, jusqu'à ce que les maux de ventre aient cessé.

Glossaire

Affixe : nom d'un élevage agrée par la FCI et déposé auprès de la SCC.

CACIB : Certificat d'aptitude au championnat international de beauté
CAS : Certificat d'aptitude et de conformité au standard.
CHIB : Championnat international de beauté.

FCI : Fédération cynologique internationale.

LOF : Livre des origines français, détenu par la SCI, qui contient toutes les naissances des chiens de race.

Pedigree : document qui comporte l'identité et l'arbre généalogique d'un chien de race.

Race : subdivision de l'espèce constituée par des individus réunissant des caractères communs héréditaires.
Robe : pelage.

SCC : Société centrale canine.
Sous-poil : poil très fin près du corps plus ou moins fourni selon les races.
Standard : description des caractères morphologiques et caractériels du chien de race idéal.
Stop : point situé au milieu de la figure marquant la séparation entre le crâne et la face.

Top-knots : nœuds qui retiennent les poils bien relevés au-dessus de la tête du bichon maltais.

Adresses utiles

Société centrale canine (SCC)
155, avenue Jean-Jaurès
93535 Aubervilliers Cedex
Tél. : 01 49 37 54 00
Site Internet : www.scc.asso.fr

Fédération cynologique internationale (FCI)
13, place Albert-Ier
B-6530 Thuin
Belgique
Tél. : 00 32 71 59 12 38
Fax : 00 32 71 59 22 29
Site Internet : www.fci.be

Club des bichons et des petits chiens lions
Présidente : Monique Confrère
3, rue des Falaises
95280 Jouy-le-Moutier
Tél. : 01 34 43 57 00
E-mail :
bichons.petitschienslions.club@wanadoo.fr

Fichier national canin
155, avenue Jean-Jaurès
93535 Aubervilliers Cedex
Tél. : 01 49 37 54 54

SIEV (identification électronique)
112-114, avenue Gabriel-Péri
94246 L'Haÿ-les-Roses Cedex
Tél. : 01 55 01 08 00

Société protectrice des animaux (SPA)
39, boulevard Berthier
75017 Paris
Tél. : 01 43 80 40 66
Tél. : 01 43 80 99 23
E-mail : infos@spa.asso.fr
Site Internet : http://www.spa.asso.fr

Assistance aux animaux
24, rue Berlioz
75016 Paris
Tél. : 01 40 67 10 04
Tél. : 01 44 17 90 01
E-mail : fondation-assistance-animaux@wanadoo.fr
Site Internet :
http://www.assistanceauxanimaux.com

Confédération nationale des SPA
BP 2066
25, quai Jean-Moulin
69226 Lyon cedex 2
Tél. : 04 78 38 71 71
Tél. : 04 78 38 71 78
E-mail : confspa@wanadoo.fr

Fondation Brigitte Bardot
28, rue Vineuse
75016 Paris
Tél. : 01 45 05 14 60
Site Internet :
http://www.fondationbrigittebardot.fr

INDEX

A

Aboiements, 58, 60.
Accouplement, 122.
Accueillir le bichon maltais, 46.
Achat, 36.
Agility, 103.
Aliments
  humides, 62, 64.
  pour chienne allaitante, 134.
  secs, 62, 64, 65.
  semi-humides, 62.
Alimentation, 62, 76.
  industrielle, 62, 64.
  ménagère, 65.
Allaitement artificiel, 133.
Allergie(s), 93.
  alimentaire, 93.
  cutanées, 93, 94.
  de contact, 93.
  médicamenteuse, 93.
  par piqûre, 93.
  respiratoire, 93.
Allures, 21.
Alzheimer, 95.
Ankylostoma caninum, 91.
Antitique, 82.
Aoûtat, 77.
Ascaridiose, 80, 91.
Assurances, 45.
Atrophie rétinienne, 45.
Attestation de cession, 38.
Avant-bras, 20.

B

Babesia canis, 86.
Bain, 75.
Barbet, 12, 13.
Bêtises, 100.
Bichon
  bolonais, 12, 14.
  frisé, 12.
  havanais, 12, 14.
Boiteries, 66.
Borrelia burgdorferi, 85.
Bras, 20.
Brossage, 73.
Brosses, 46.

C

Campagne, 101.
Cancers, 91, 92.
Canes melitenses, 10, 14.
Caniche, 13.
Caniveau, 54.
Caractère, 24.
Carte d'identification, 39.
Castration, 126.
Certificat
  d'aptitude au championnat de standard (CACS), 112.
  d'aptitude au championnat international de beauté (CACIB), 115, 118.
  d'aptitude de conformité au standard, 118.
  de bonne santé, 41.
Champion, 112.
  de conformité au standard, 118.
  international de beauté, 118.
Chat, 50, 51.
Chenil, 130.
Chien
  âgé, 95.
  de soie de la Havane, 15.
Choisir son bichon maltais, 36.
Classes d'engagement, 119.
Club des bichons et des petits chiens lions, 36, 115.
Collier, 46.
Complément(s)
  minéral vitaminé (CMV), 69.
  alimentaires, 62.
Comportement, 57.
  Changement de –, 122.
Contraception, 125.
Corbeille, 46.
Corps, 19.
Cou, 19.
Coudes, 20.
Couleur, 22.
Coupe-ongles, 46.
Coussinets, 72, 73.
Crâne, 16.
Ctenocephalides felis, 86.
Cuisses, 21.
Cycle ovarien, 127.

D

Déchaussement des dents, 72.
Déclaration d'établissement d'hébergement de chiens, 130.
Défauts, 22.
  éliminatoires, 22.
  graves, 22.
Démangeaisons, 93.
Démêlage, 75.
Dents, 18, 72.
Dépistage, 92.
Dermacentor reticulatus, 85.
Dermatite de contact, 94.
Dipylidium caninum, 87, 88.
Dirofilaria immitis, 84.
Dirofilariose, 84.
Document d'information, 41.
Donner la patte, 60.
Dysplasie, 44.
  de la hanche, 45, 66.
  du coude, 66.

E

Échinococcose, 80.
Ectopie testiculaire, 45.
Éducation, 52.
Ehrlichiose, 85.
Élevage, 130.
  Papiers d'–, 130.
Éleveur, 130, 132.
Enfants, 24.
Entretien, 70.
Épaule, 20.
Épillet, 77.
Exposition(s), 112.
  internationale, 118.
  nationale, 118.
  Rings d'–, 118.

F
Famille, 31.
Fédération cynologique
internationale (FCI), 16, 39, 115.
Femelle, 39, 126.
Fourrure, 23, 73.

G
Gale des oreilles, 72.
Gale, 70, 80, 87.
Gamelle, 46.
Gestation, 122.
Gingivite, 72.
Glandes anales, 73.
Grille de sélection, 115.
Grossesse nerveuse, 128.

H
Habits, 49.
Hépatite de Rubarth, 44, 83.
Histoire, 10.
Hormones, 129.
Hypersensibilité, 94.
Hystérectomie, 127.

I
Identification électronique, 39.
Installer le bichon maltais, 49.
Intelligence, 30.
Ixodes ricinus, 85.

J
Jambe, 21.
Jarret, 21.
Jeu(x), 24, 25, 28, 49, 60, 98.
dangereux, 28.
de balle, 29.
de piste, 29.

L
Laisse, 46.
Marche en –, 103.
Langage, 31.
Leptospira, 80.
Leptospirose, 80.
Lèvres, 18.
Ligature des trompes, 126.
Livre des origines français (LOF),
39.
Loisirs, 103.

M
Mâchoires, 18.
Maître, 109.
Maladie(s)
de Carré, 44, 83.
de Lyme, 80, 85.
du 3e âge, 95.
infectieuses, 80.
parasitaires, 85.
Mâle, 39, 126.
Mauvaise haleine, 72.
Médecines douces, 108.
Médications, 108.
Membres, 20.
antérieurs, 20.
postérieurs, 21.
Microsporum canis, 88.
Minéraux, 66.
Mise bas, 122.
Morsure, 58.
Mue, 76.
Museau, 18.
Musicologie canine, 33.

N
Nématode, 89.
Niche, 46.
Nourrissage des chiots, 133.

O
Obéissance, 52, 54.
Oligoéléments, 76.
Ongles, 72, 73.
Oreilles, 19, 70.
Otite, 72, 94.
Ovariectomie, 126.
Ovario-hystérectomie, 127.

P
Papiers du chiot, 38.
Parasites
du pelage, 77.
externes, 85.
internes, 88.
Parvovirose, 44, 84.
Parvovirus, 84.
Passeport européen, 40.
Peau, 21.
Pedigree, 40.
Pelage, 74.
Pension, 106.
Phtiriose, 87.
Pied
antérieur, 21.
postérieur, 21.
Piroplasmose, 86.
Poids, 22.
Poil, 21.
Poitrine, 20.
Poux, 86, 87.
Prénom, 55.
Choix du –, 36.
Promenade, 101.
Propreté, 52.
Puce électronique, 39.
Puces, 44, 86.
Punition, 60.

Q-R
Queue, 20.
Rage, 80.
Ration
d'eau, 65.
quotidienne, 64.
Récompense, 60.
Règles de savoir-vivre, 52.
Repas, 51.
Reproduction, 122.
Respect
des lieux, 104.
des passants, 104.
Rhabdovirus, 80.
Rhipicephalus sanguineus, 85.
Robe, 21.
Rongeur, 51.

S
Sac de transport, 49.
Santé, 80.
Sarcoptes scabiei, 87.
Shampoings, 76.
Sociabilité, 30.
Société centrale canine (SCC), 16,
36, 39, 40, 115.
Soins réguliers, 70.
Standard, 16, 115.
Stérilisation, 125.

T
Taille, 22.

Tatouage, 39.
Teigne, 80, 88.
Ténia, 88.
Test d'aptitudes naturelles (TAN), 112, 119.
Tête, 16.
Tétée, 137.
Tique(s), 85.
domestique, 85.
sauvage, 85.
Toilettage, 109, 112.
Toux de chenil, 84.
Traîneau
Faire le –, 86.
Traitements, 97.
Transfert, 43.
Transports
en commun, 105.
Mal des –, 106.
Trichuris vulpis, 89.
Truffe, 18.
Tumeurs, 91.
des testicules, 92.
mammaires, 91.
Typhus du chien, 83.

V-Y

Vacances, 105.
Vaccination, 91.
Protocole de –, 91.
Rappel de –, 91.
Vasectomie, 126.
Vente
Annulation, 40.
Ver de naissance, 91.
Vermifugation, 83.
Vers, 88.
du cœur, 84.
Vices rédhibitoires, 43, 44.
Vieillissement, 108.
cérébral, 95.
Vitamines, 66, 76.
Voyage, 49.
Yeux, 19, 70.

Crédits photographiques

Français/Cogis : 4, 72, 76, 100 ; **Grossemy/Cogis :** 12-13, 15, 26-27, 28-29, 32-33, 34-35, 40, 44, 59, 78-79, 84, 86, 87, 94, 104, 108-109, 110-111, 128, 129, 133, 140 ; **Hermeline/Cogis :** 25, 105 ; **Lanceau/Cogis :** 7, 14, 30-31, 132 ; **Pernot Georges :** 8-9, 10, 16, 18, 19, 20-21, 22-23, 37, 38, 39, 41, 47, 48, 50, 51, 53, 54, 55, 56-57, 58, 61, 63, 65, 66-67, 68, 69, 71, 73, 74, 75, 77, 80, 82-83, 85, 88-89, 90, 93, 96, 99, 102-103, 106, 107, 112, 114 h, 114 bd, 114 bg, 115 d, 115 g, 116-117, 118, 118-119, 120-121, 123, 124-125, 126-127, 131, 134-135, 136-137, 138-139 ; **Simon-Vedie/Cogis :** 42, 45.